이어령의 교과서 넘나들기

콘텐츠 크리에이터 **이어령** | 글 **최경석** | 그림 **나연경** | 기획 **손영운**

문명편 ⑩ 문명의 역사에 담긴 미래 키워드

살림

생각을 넘나들며 다양한 지식을 익히는 융합형 인재가 되세요!

　우리는 지난 몇 년간 엄청난 변화를 겪었습니다. 과학기술과 정보통신기술의 비약적인 발전으로 인해 지난 시절 몇 세기에 걸쳐 누적된 삶의 변동보다 훨씬 더 크고 빠른 변화를 경험해야 했던 것이지요. 스마트폰 같은 디지털 기기들과 트위터, 페이스북 같은 소셜 네트워크 서비스들은 불과 1~2개월의 시간 동안 우리 삶의 방식을 일순간에 바꾸어 놓았습니다. 당연히 지난 시절에 유용했던 생각과 지식 역시 크게 달라질 수밖에 없습니다. 이럴 때 우리 아이들은 미래를 위해 무엇을 준비하고 공부해야 할까요?

　저는 이런 이야기를 좋아합니다. 옛날 어떤 사람이 우연히 산속에서 신선을 만났습니다. 신선에게 소원을 말하면 들어준다는 말에 그 사람은 신선을 붙들고 놓아 주지 않았지요. 그리고 신선에게 말했습니다. "저기 저 바위를 황금으로 바꿔 주세요." 다급해진 신선이 지팡이를 휘둘러 커다란 바위를 황금으로 바꾸어 주었습니다. "이제 놓아다오." 그때 그 사람이 눈을 반짝이며 말했습니다. "소원이 바뀌었어요. 그 지팡이를 제게 주세요."

　이 이야기는 단순히 고기 잡는 방법을 가르쳐야 한다는 말이 아닙니다. '황금'이라는 창조물에서 황금을 창조하는 '방법'으로 생각을 이동시킬 수 있는 능력이 중요하다는 말입니다. 우리 아이들이 주역이 될 미래는 다양한 방면으로 바라보고 가로지르고 융합할 수 있는 '생각의 능력'이 더없이 중요해지는 시대입니다.

　콜럼버스의 일화를 소개할까요. 콜럼버스가 신대륙에 상륙했을 때 어딘가에서 새소리가 들렸습니다. 콜럼버스는 그 새소리를 종달새 소리라고 적었지만, 나중에 밝혀진 바로는 그곳에 종달새는 살지 않았답니다. 콜럼버스는 자신이 알고 있는 지식에 묶여 새(bird) 소리를 새(new) 소리로 듣지 못했던 것입니다. 이런 관습적인 사고가 과거의 생각 방식이었다면 이제 중요해지는 것은 '순환적인 사고'와 '양면적인 사고', 서로 다른 분야를 함께 생각할 수 있는 '복합적인 사고'입니다.

　다행히 우리 민족은 이미 오래전부터 이런 사고방식을 부지불식간에 사용하고 있었습니다. 언어적으로 봐도 서양은 한쪽 면만 표현하는 반면 우리는 항상 양면성을 고려했습니다. 고층건물에 있는 '엘리베이터'는 그 뜻을 해석하면 이상합니다. '오르는 기계'라는 뜻이니까요. 우리는 '승강기'라고 씁니다. '오르내리는 기계'라는 뜻이지요. '열고 닫는다'는 뜻의 '여닫이', 나가고 들어온다는 뜻의 '나들이', 이런 어휘들은 양면적인 사고가 잘 반영되어 있습니다.

순환적 사고란 무엇일까요. 가위, 바위, 보에서 '가위'의 의미에 주목해 보도록 하지요. 바위와 보만 있는 세계는 항상 결과가 자명한 세계입니다. 모두 오므리거나 모두 편 것, 이것 아니면 저것만 있는 세계에서는 다양함이 나올 수 없습니다. 그러나 '가위'가 있어서 가위, 바위, 보는 예측 불가능한 결과를 가져올 수 있는 다양성을 갖게 됩니다. 우리는 바로 그 '가위'와 같은 것을 상상해 내고 생각할 줄 알아야 합니다.

그러자면 서로 다른 분야를 넘나들면서 다양한 지식을 융합적이고 통섭적으로 습득해야 합니다. 쓰고 남은 천들은 버려지는 것이 아니라 조각보로 훌륭하게 다시 만들어질 수 있고, 배추 쓰레기가 '시래기'라는 웰빙음식으로 재탄생할 수 있게 만드는 지식의 습득과 활용이 필요합니다.

그렇게 자라난 우리 아이들은 과거와는 다르게 모두가 1등이 될 수 있는 사회에서 풍요로운 삶을 살 수 있을 것입니다. 저는 늘 이렇게 말합니다. "남다른 생각과 지식을 가지고 360도 방향으로 제각기 뛰어나가 그 분야에서 1등이 되어라. 옛날처럼 성적순으로 1등부터 꼴찌까지 줄 세우는 시절이 아니다. 그렇게 저마다의 소질과 생각에 맞는 분야에서 1등이 되어 손 맞잡고 강강술래를 돌아라. 그런 아름다운 세상에서 살아라."라고 말이지요.

스티브 잡스는 스탠퍼드 대학교의 엘리트들에게 이렇게 말했습니다. "Stay hungry, stay foolish!" 졸업하면 성공이 보장된 인재들에게, 그리고 최고의 지성으로 무장한 졸업생들에게 '항상 바보 같아라'라고 말한 것은 어떤 의미일까요. 기존의 지식으로 무장한 사람일수록 세상을 바꿀 뛰어난 생각은 바보같이 느껴진다는 의미가 아닐까요. 현재의 관점에서 불가능할 것 같고 황당하고 쓰임새가 없어 보이는 상상 속에 우리가 예측하지 못했던 엄청난 혁신과 가치가 숨어 있다는 것을 스티브 잡스는 말하고 싶었던 겁니다.

〈이어령의 교과서 넘나들기〉가 우리 젊은 학생들이 그런 행복한 미래(future)에 대한 비전(vision)을 갖는 데 꼭 필요한 융합형(fusion) 교양 지식을 익히고 생각의 넘나들기를 익힐 수 있는 좋은 계기가 되기를 바랍니다.

이어령

지식 대융합 시대의 창조적 교양인을 꿈꾸는 여러분께

현대 사회는 'T자형 인간'을 요구한다고 합니다. 'T자형 인간'이란 자기 분야는 물론이고, 다른 분야에도 깊은 이해가 있는 종합적인 사고 능력을 가진 사람을 일컫는 말입니다. 'T'자에서 '—'는 횡적으로 많이 아는 것을, '|'는 종적으로 한 분야를 깊이 아는 것을 의미하지요.

왜 현대 사회는 T자형 인간을 원할까요? 그 이유는 21세기가 '지식 대융합의 사회'를 지향하고 있기 때문입니다. 현대는 하루가 다르게 새로운 개념의 첨단 전자 제품이 나오고, 그것이 우리의 지식 정보 전달 시스템을 통째로 바꾸고, 그 결과 문명의 방향이 달라지는 시대입니다. 이 변화무쌍한 현실을 이해하고 이끌어 나갈 수 있는 힘은 오로지 창조적이고 통합적인 상상력과 직관을 가진 'T자형 인간'으로부터 생산되기 때문입니다.

하지만 우리의 현실을 보면 앞이 아득합니다. 'T자형 인간'이 되어 21세기 대한민국을 이끌고 나가야 할 청소년들은 빡빡한 학교 수업과 학원 일정에 쫓겨 다람쥐 통의 다람쥐처럼 제자리 돌기만 하고 있습니다. 학교와 교과서를 통해 배운 지식을 단순히 입시 수단으로만 여기고 있습니다. 학교에서 배운 지식을 다른 지식과 잘 연결하고 융합시켜 지적 능력을 키우는 일에는 관심 밖입니다.

〈이어령의 교과서 넘나들기〉 시리즈는 안타까운 우리 청소년들의 지적 현실을 타개하기 위해 만든 책입니다. '5천 년 인류 문명이 이룩한 모든 교양을 만화로 읽는다.'는 생각으로 만화가 가지는 유머와 재미라는 틀 안에 그동안 인류가 축적한 다양한 지식을 담았습니다. 단순히 한 가지 학문만을 다루는 것이 아니라 다양한 학문이 통합된 융합형 교양 지식을 담아 청소년들이 현대 사회를 창조적으로 살아갈 수 있는 능력을 기를 수 있도록 만들었습니다.

앞으로 디지털, 과학, 문학, 심리, 경제 등 인류 문명의 토대가 되는 지식을 담은 재미있고 명쾌하지만 결코 가볍지 않은 멋진 만화책들이 차례로 독자들 앞으로 찾아갈 것입니다. 우리 청소년들이 이 책들을 읽고 '지식의 대융합 시대'를 선도하는 'T자형 인간'을 꿈꾸는 모습을 보기를 간절히 소망합니다.

기획 **손영운**

인류 지혜의 보고, 문명

'인류사는 문명사다.'라는 말이 있습니다. 넓은 의미로 원시 시대 인류가 지구에 발을 내디딘 순간부터 지금까지 인간이 만든 모든 것은 문명이라고 할 수 있습니다. 그리고 그 속에서도 가장 뛰어난 지혜가 숨 쉬고 있는 것이 문명이기도 하지요. 인간의 생로병사와 마찬가지로 수많은 문명이 태어나고 성장하며 소멸했습니다. 그리고 현대에도 새로운 발견과 발명으로 문명은 계속 창조되고 있지요. 이런 문명을 하나하나 탐험하다보면 어느새 절로 세계를 이해하고 바라볼 수 있는 안목이 생기게 됩니다. 그래서 어려서부터 인류 문명에 대한 수많은 책과 자료를 접하기도 하지요. 또한 박물관으로 가는 우리의 발걸음은 어른이 되어서도 마찬가지이지요.

자, 세상 모든 곳을 가 볼 수는 없지만 이 책을 통해 과거와 현재의 문명을 섭렵해 보며 여행을 떠날 수 있는 유쾌한 지적 유목민이 될 수 있다면 저 또한 보람을 느낄 것 같습니다. 세상에 대한 끝없는 호기심으로 문명에 대한 탐험을 시작해 보기 바랍니다.

글 **최경석**

문명은 우리들의 사는 모습입니다!

아주 먼 옛날부터 사람들이 사는 곳에 존재해 온 문명은 사람들의 생활 속에 녹아 이어져 오거나, 과학과 탐구를 통해 오늘날 다양한 모습을 드러내고 있습니다. 그 문명들은 서로 시대, 다른 지역에서 발생하여 완전히 다르다고 생각되지만, 사실 멀리 떨어져서 바라보면 현재의 우리가 사는 모습과도 크게 다르지 않다는 것을 느낄 수 있습니다. 지리적 조건이나, 계절 변화 등은 인류가 문명을 이루어 다양한 모습의 삶을 살게 했고, 후세의 인류들은 그 문명을 바탕으로 단점과 약점을 보완하여 과거보다 더 나은 삶을 영위하고 있습니다.

이 책을 그리면서 문명이란 사람들의 삶의 주변에서 시작한 것이기 때문에 그리고 사람들이 모여 사는 모습은 예나 지금이나 다르지 않기 때문에 우리들의 이야기라는 생각이 들었습니다. 여러분들도 이 책을 읽음으로써 우리 인류들이 얼마나 다양한 삶을 살아왔고 앞으로 좀 더 나은 삶을 영위하기 위해 무엇을 노력하는 것이 좋은가 생각해 보는 기회가 되기를 희망합니다.

그림 **나연경**

이어령의 교과서 넘나들기

문명편 ⑩

1장 문명의 형성과 충돌, 그리고 붕괴

베이징에서 조그만 나비가 펄럭이면
1주일 뒤 뉴욕에는 태풍이 온다는
'나비효과 이론'은

작은 변화가 큰 결과를 초래할 수도
있다거나

전혀 연관성이 없어 보이는
것도 사실 매우 밀접한 관련이
있다는 뜻으로 쓰여.

21세기 지구촌도 이 나비효과처럼
서로 다른 문명권에 있으면서도
떼려야 뗄 수 없는 관계를 맺으며
살고 있지.

인터넷의 클릭 하나면 피부색과
지역을 뛰어 넘을 수 있고,

트위터의 지저귐은 곧 수십만의
울림으로 되돌아 와.

프리드리히 실러(Johann Christoph Friedrich von Schiller, 1759년~1805년)

아이작 뉴턴(Isaac Newton, 1643년~1727년)

바뤼흐 스피노자(Baruch Spinoza, 1632년~1677년)

이집트의 피라미드, 중국의 만리장성, 뉴욕의 자유의 여신상과 아까 말한 애플 기기까지의 물질적이고 기술적인 소산 모두를 말하는 참으로 어마어마한 개념이야.

독일의 철학자 야스퍼스는 '기축시대(Axial Age) 문명'이라는 표현을 썼는데,

카를 야스퍼스(Karl Jaspers, 1883년~1969년) 실존철학을 체계적으로 전개한 독일 철학자. 20세기 초 서구사회의 기계문명, 대중사회 등에서 나타난 가치전환의 사상적 위기에 대한 깊은 성찰을 보여 주었다. 『역사의 시원과 목적에 관해서』라는 책에서 기축시대 문명을 언급했다.

그건 다름 아닌 기원전에 출현한 네 명의 인물, 즉 그리스의 소크라테스, 유교의 공자, 불교의 부처, 기독교의 예수 등

이븐할둔(Ibn Khaldun, 1332년~1406년)

이에 자극을 받은 20세기 문명사가 토인비는

토인비(Arnold Toynbee, 1889년~1975년) 영국의 역사가. 『역사의 연구』에서 독자적인 문명사관을 제시했다. 20여 개의 문명권을 비교 연구했으며 그 내적 구조 속에서 '도전과 응전'이라는 역사 패턴을 도출했다.

이런 앞선 연구를 바탕으로 인류의 문명을 분석해 보면,
가만있어!
네….
문명

첫째, 문명은 '인간 대 자연'의 만남으로 시작돼. 기본적으로는 적응과 생존의 문제라는 거지.
인간 대 자연

우리가 흔히 학교에서 역사 시간에 배우는 4대 문명을 떠올려 보면 될 거야.
4대 문명
지잉-

하나만 구체적으로 들어가 보면 인류 최초의 문명이라는 메소포타미아 문명이 있어.

먼 옛날 빙하기 끝 무렵(기원전 10,000년~기원전 8,000년), 오늘날 아라비아 사막으로 불리는 지역 주변이 기온이 상승하고 강수량이 증가하면서 사바나, 즉 열대 초원과 같은 곳이 되지.

그러던 중 기원전 7,000~기원전 4,000년경쯤 이 지역에 오랜 건조기가 이어지자, 수메르인이라고 불리는 이들이 옥토를 찾아 메소포타미아에 도착하게 돼.
와아~.

그리고 다른 부족들도 자신들의 터전을 찾아 이곳에 모여 정복과 침입을 반복하며,
여기는 이제 내 거다!!

자신들의 문자를 발전시키는 가운데 문명이 처음 결집하게 되지.
다녀갔다는 흔적 남겨.
뭐해?
왔다

다른 강을 끼고 있는 지역에서도 관개농업과 도시, 토기 등이 발전하지만,

이렇게 인간은 생존을 위해 더 적합한 자연환경을 찾으며 '문명'을 성립시켜.

뭐 오늘날에도 지진이나 이산화탄소의 과잉 배출로 인한 지구온난화는 거꾸로 인류를 위협하고 있잖아.

그런데 이 거석상들 외엔 황량하고 건조한 사막과도 같은 땅이 전부야. 어떻게 된 것일까? 태평양 한가운데 바다로 둘러싸여 고립된 이곳에 폴리네시아 계통의 사람들이 이주하면서 문명이 형성되기 시작해. 이곳엔 야자나무를 포함한 21종의 다양한 나무와 25종이 넘는 바닷새, 심지어 돌고래 등 다양한 동식물이 자라고 있는 곳이어서 인간이 살기에 적합했어.

잡아먹을 수 있는 동식물의 수가 완전히 씨가 말라버린 상황에서,
동물들이 보이지 않습니다!
뭣이?!

거석상으로 대변되는 그들만의 종교 의식도 자신들의 문명을 지켜 주지 못했지.
저희를 구원해 주시옵소서.

우리는 늘 4대 문명을 학습하며 인간이 자연을 정복하거나 극복한 점만을 강조하지.
우와~ 대단하네.

하지만 거꾸로 자연의 재앙이 인간의 문명과 삶 자체를 집어 삼킬 수도 있다는 점을 망각하기도 해.
……
이래도?
지잉~

오늘날 물질문명의 최첨단으로 무장한 우리지만 뭔가 느끼는 게 있을 거야.
뭔가 찜찜한데?
바지나 입어.

오늘만을 위한 욕심에 들떠 환경오염을 초래한 우리는
에이, 뭐. 나만 쓰는 것도 아니고….
치익~

온난화로 뜨거워지고 있는 지구의 이상 징후를 여기저기서 느끼고 있지.

돌기구로 거석상을 만들던 이스터 섬의 문명에 비할 수 없이,
고생하시네. 언제 다 하려고?

최첨단을 달리는 우리도 조절 능력을 상실하면 한순간 붕괴를 맞을 수 있다는 거야.
우와악!

백년 후 또는 그보다 더 가까운 시간 내에 우리의 문명도 흔적도 없이 사라질 수 있겠어.
휘~잉

문명이 형성되는 두 번째 조건은
'인간 대 인간' 사이의 관계야.

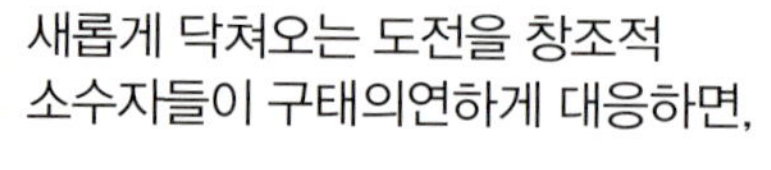

오늘날에도 세계화 현상이 나타나면서
하나의 거대한 문명이 형성되고 있지만,

그 속에는 다양한 지역적, 국가적, 종교적 문명이 충돌하고 있기도 하지.
문명 간의 자존심 대결이랄까?

사실 공산주의와 자본주의 진영 간의 냉전이
종식된 후,

일부 문명학자들은 '역사의 종언'이라고 명명하며,
자본주의적 흐름과 민주주의를 바탕으로 세계가
느슨하지만 하나의 공동체로 나아간다고 여겼지.

그러나 오늘날 우리는 '세계화'를
슬로건으로 걸지만 더 많은 국지적
분쟁과 종교적 대립을 만나게 돼.

9.11 테러 이후 이슬람교와 기독교
문명 간의 대립과 반목이라든가,

새롭게 등장한 중국과 인도라는
거인과 기존 팍스 아메리카나 사이의
긴장 같은 거야.

그 속에서 문명 간의 자존심 대결과 힘겨루기가 이루어지고 있어.
까불지 마라.
웃기시네.
문명
문명

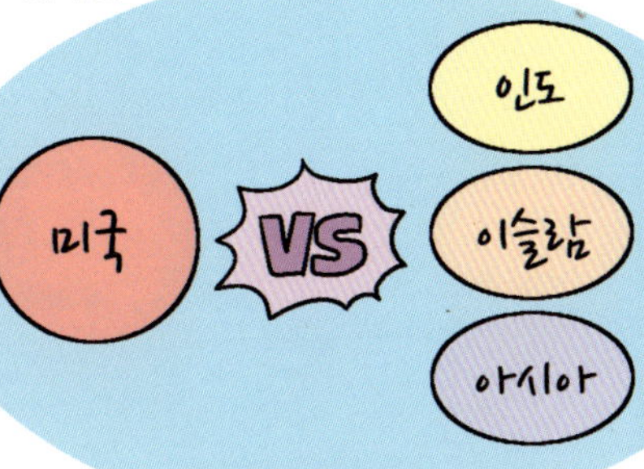

그래서 누군가는 서구 문명과 그 나머지 문명 간의 충돌이라고 잣대를 대기도 하고,
인도
미국
VS
이슬람
아시아

어떤 이는 자본만의 세계화일 뿐 문명의 세계화는 전혀 이루어지지 않았다고도 말하지.
세계화

한편 더 많은 문명의 세계가 디지털 시대에 걸맞게 나오고 있다고도 해.
친구들아~ 어서 와!
안녕! 놀러왔어!
우르르~
문명
문명
문명
문명

그리고 그것은 결국 '인간 대 인간의 관계를 어떻게 설정할 것인가?' 하는 문제야.
문 명
인간 대 인간의 관계

사실 서로 다른 인간들이 하나만의 문명을 형성한 적은 역사적으로 단 한 번도 없어.
어, 정말?

끊임없이 영토를 넓히며 모든 길은 로마로 통한다던 로마 문명도 결국 팍스 로마나의 꿈은 지속되지 못했지.
쳇!

최종적인 전투에서 승리를 거둔 것은 로마가 아니라 게르만족이라는 이민족이었어.

자신들을 세계의 중심으로 여기고 나머지를 오랑캐라는 야만인으로 규정한 중국도 바로 그 경계의 만리장성이 건설되는 순간 오히려 그들의 침입에 골머리를 썩게 돼.
와아아~
아우~ 시끄러워! 만날 쳐들어 오네!

근대에서도 제국주의가 문명화의 이름으로 자신들만을 위한 식민지 정책을 폈지만, '제국'은 영원하지 못 했어.
이대로 끝이 아니다!!
저게… 아직도 정신 못 차렸지?

결국 내 앞의 사람과 어떤 관계를 맺을 것이냐 하는 문제에서 출발하여,
문명

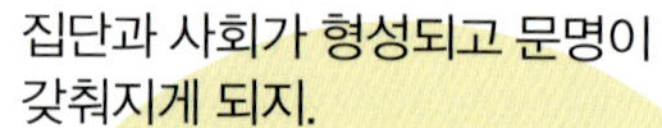
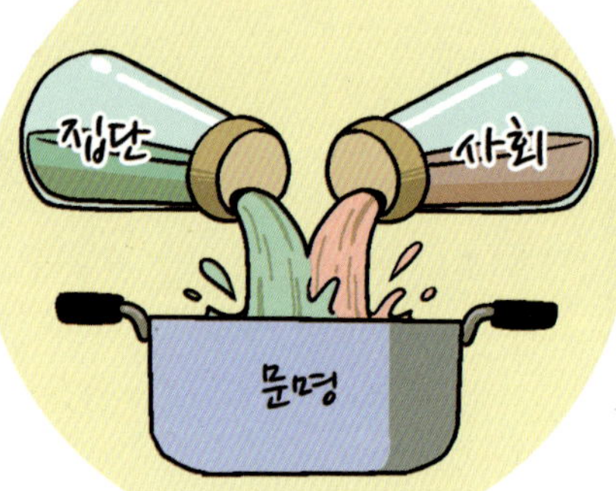

집단과 사회가 형성되고 문명이 갖춰지게 되지.
집단
사회
문명

그리고 그 속엔 사실 앞에서 분리해서 설명했던 '인간 대 자연'의 관계도 얽혀 있어.
인간대자연
문명

예를 들면 농경민족과 유목민족 간, 또는 농경민족과 해양민족 간의 관계는
해양
농경
유목

모두 자신이 속한 자연을 어떻게 받아들이며, 이웃한 다른 이들과 어떻게 살 것인가를 놓고 적절한 방안을 찾으면서 문명이 형성되고 충돌하게 되지.
이것 좀 드셔 보세요.
아이고~ 뭘 이런 걸 다….
아~ 괜찮다니까!

중국은 고대부터 농경과 유목 사이의 선을 긋고 자신들만의 세계를 선(善)으로 설정하면서
내가 선이다!
농경
유목

'중화(中華)' 문명권을 형성했어. 그 속에서 그들은 인의예지(仁義禮智)로 대변되는 유교 문화를 중심으로 황제의 나라와 다스림을 받는 이민족이라는 기본 구도를 만든 거야.

처음부터 반도적인 자연 지리와 척박한 땅으로 인해 바다로 진출한 그리스는 활발한 해상 활동과 무역을 통해, 그리고 외부와의 열린 접촉을 통해 서양 문명의 요람으로 자리 잡을 수 있는 기틀을 마련했잖아.

이렇게 자연과의 관계에서 문명이 형성되고 만나면서 바로 이웃한 문명,
안녕~
문명

즉 인간 대 인간 혹은 집단 대 집단으로 상대방을 어떻게 받아들이느냐에 따라,
인간 대 인간
집단 대 집단
뭘 고르지?

때론 적대적인 관계에서 문명 간의 전쟁과 정복이 이어지기도 하고,
VS

거꾸로 대화와 교류 속에서 상호 문명이 더욱 발전하는 양상도 보여.
만나서 반갑습니다.
아이고~ 잘 부탁드립니다.

중요한 것은 과거에나 현재에도 단일 문명은 없었으며, 이를 강요하여 성공한 사례도 없다는 거야.

따라서 현재에도 보이는 문명 간의 충돌 또한 일방적인 승리란 있을 수 없어.
아자! 1승 99패!!
졌다….

수차례 벌어진 십자군 전쟁에서 일방적으로 기독교 문명이 승리한 적이 없었고,
누구를 위한 전쟁인가….

3대륙을 장악했던 오스만튀르크 제국도 완벽한 이슬람 문명을 형성하지 못했어.
아~ 이게 쉽지 않네….

유교는 20세기 전통 왕조인 청의 붕괴로 그 실효성에 의문이 제기됐고,
황제폐하, 이건….
아, 몰라! 으아아아!
유교

순수한 서구 백인 문명의 요람이라 일컬어지는 그리스 문명도 최근 연구에서 아프리카의 이집트 문명의 영향력 아래에서 발전했음이 드러나고 있어.
거기다 쓰라고 알려준 게 아닐 텐데?
아앗…!
이집트
그리스

이처럼 세계의 문명은 하나의 문명으로 합쳐진 적이 없으며 영원히 지속된 적도 없어.
그리스 문명
이집트 문명
이슬람 문명
중국 문명

더 나아가 지구라는 한정된 토대 속에서

서로가 마주보게 됐으며, 다른 문명의 전통을 이해하면서 새로운 지혜를 얻어 나갔어.
밀지 마!
밀지 마!
밀지 마!
밀지 마!
문명
문명
문명

다음 장부터 우리는 고대 인류의 요람이었던 4대 문명부터 시작해서,
메소포타미아 문명
이집트 문명
인도 문명
중국 문명
4대강 문명

서구 문명의 한 축인 그리스 로마 문명과 또 다른 축인 기독교 문명을 살펴볼 거야.

또한 이에 못지않게 지금까지 영향력이 있는 이슬람 문명,

고대 불교와 힌두교의 발원지인 인도 문명,

우리가 흔히 잊기 쉬운 잉카나 마야와 같은 중남미 문명,

그리고 우리의 동아시아 문명에 대해 알아보며 타 문명과 비교도 해 볼 거야.
……
어흠….
아노….

그 속에서 개별 문명의 형성과 충돌, 그리고 붕괴의 과정과 함께 어떻게 다른 문명과 공존하는 길을 열었는지에 대해서도 살펴볼 거야.
이 자식!
뭐, 인마?
잘 부탁드립니다.
저야말로.
문명
문명
문명
문명

단순한 지적 호기심으로 문명을 바라보는 게 아니라는 걸 눈치 챘겠지?

결국 세상에 단일하고 영원한 문명이 없다는 점을 기억하길 바라.
?
?
2
1
3

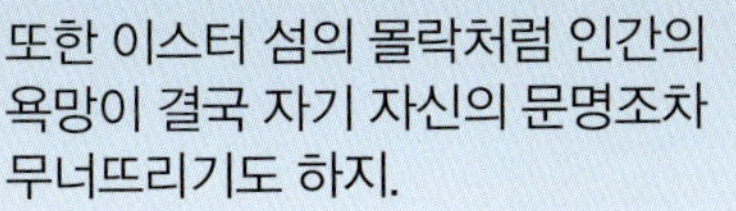

또한 이스터 섬의 몰락처럼 인간의 욕망이 결국 자기 자신의 문명조차 무너뜨리기도 하지.

최첨단의 기술과 과학으로 무장하며 세계화를 지향하는 현대 문명도,
우와~ 멋있다.
현대 문명

한순간에 핵전쟁, 신종 플루 같은 바이러스나 환경오염으로 인한 기후 변화와 자연 재해,
그리고 각 문명 간의 대립으로 무너질 수 있다는 점을 떠올렸으면 해.

바로 오늘 우리가 여러 문명을 살펴보고 비교하면서 내일의 좀 더 나은 문명을 만들어 가는 지름길을 발견할 수 있을 거야.
저쪽인가?

마지막으로 그렇다면 이런 문명들을 비교, 분석하는 데 어떤 시각으로 바라보아야 할까?
냉철한 시각?

그 해답은 고답적인 이론이나 외국에서 수입한 최신 유행의 시각이 아니라,
이게 아냐?
그럴 리가 없잖아…

바로 우리 안의 시각이면 돼. 바로 '김치와 비빔밥'의 시각이지.
맛있겠당~!

색깔도 언뜻 김치는 붉어 보이지만 배추 줄기의 흰 빛과 이파리의 푸른 빛, 고춧가루의 붉은색 등 오방색이 모두 있어.

이렇듯 김치가 조화와 융합의 특성으로 하나의 '패러다임'을 가지게 되지.

김치와 비빔밥의 패러다임으로 인간 대 자연, 그리고 인간 대 인간의 만남 속에서 싹튼 문명의 형성과 성장,
충돌과 붕괴, 그리고 교류와 발전의 현장으로 들어가 보자.

코카콜라와 팝아트,
그리고 맥도날드 시위

20세기와 오늘날까지 가장 세계 곳곳을 누비고 있는 것은 서구 문명에서 파생한 자본주의와 민주주의예요. 특히 세계를 단일한 시장으로 만들고 더 많은 이윤을 찾는 자본주의는 그 경제만큼이나 문화적 효과와 현상을 파생시키기도 하죠. 이런 현대 문명을 가장 상징적으로 보여 주는 것이 바로 세계 어느 곳에서나 볼 수 있는 코카콜라와 맥도날드입니다.

거대 자본의 상징인 맥도날드.

자본주의와 사회주의라는 거대한 이데올로기의 싸움이 끝난 후 세계는 다원화, 다극화 시대를 맞게 되었어요. 그리고 이슬람 문명이든 중화 문명이든, 심지어 공산권이 몰락한 러시아와 동유럽에도 어김없이 들어간 것이 바로 코카콜라와 맥도날드로 대변되는 미국식 자본주의 상품이었죠. 심지어 이러한 현대 대중문화의 속성을 파악하여 예술에 적극 도입한 팝아트가 이미 1960년대부터 앤디 워홀과 같은 예술가들에 의해 펼쳐져요. 똑같은 통조림통과 코카콜라, 영화배우 마릴린 먼로, 그리고 중국 사회주의의 아버지 마오쩌둥의 이미지마저 그저 단순한 이미지로 소화한 팝아트는 아마 우리가 살고 있는 현대 문명을 가장 잘 보여 준 장르일 거예요.

이처럼 20세기 후반 공산주의의 몰락 이후 세상은 분명 자본주의의 승리, 그로 인한 대중문화의 보급으로 설명되는 미국 중심의 서구 문명이 승리한 것으로 보였어요. 그러나 세계는 넓고 문제는 간단치 않았죠. 코카콜라와 맥도날드가 퍼진 것만큼 세계 곳곳의 저항도 만만치 않았거든요. 맥도날드 점포 앞에서 반미와 반서구를 외치는 다양한 민족과 문명의 시위가 오늘날에도 잇달아 일어나는 것을 자주 볼 수 있죠.

　　미국 하버드대 교수인 헌팅턴은 이런 오늘날의 세계를 '문명의 충돌'로 설명했어요. 21세기는 종교와 지역을 기본으로 하는 문명의 각축전장으로 제 아무리 미국식 정치와 자본주의가 성공하더라도 그것이 보편 문명이 될 수 없었어요. 그렇다고 비서구 세계를 서구화하지도 못하였죠. 즉, 민주주의가 모든 세계에 퍼진 것도 아니었단 뜻이에요. 오히려 이슬람권의 인구가 폭발적으로 증가하였고 중국과 인도 등 아주 옛날부터 고유한 문화를 가지고 있던 국가는 자신들의 문명을 적극적으로 내세우고 있어요. 미국이 무시할 수 없을 정도로 어마어마하게 성장한 중국을 보면 쉽게 이해할 수 있을 거예요. 이념의 시대가 가고 진짜 문명의 충돌이 생긴 것이죠.

　　이렇게 우리가 살고 있는 21세기는 더욱 더 많은 코카콜라가 소비되지만 또한 여전히 계속 맥도날드와 스타벅스 매장 앞에서의 시위가 계속되고 있는 엇갈림의 시대예요. 이것이 911테러(미국대폭발테러사건)와 같은 비극으로 세계를 몰아넣을 것인지 아니면 문명 간의 대화와 공존으로 이끌 것인지는 오늘을 살고 있는 우리의 몫이에요.

『문명의 충돌』로 세계적인 명성을 얻은 미국 정치학자 새뮤얼 헌팅턴.

2장 인류 문명의 찬란한 시작, 4대 문명

이런 시스템이 등장한 것은 기원전 3,000년에서 기원전 4,000년경이야. 인류의 찬란한 문화가 꽃피우기 시작한 이때 인류는 공통적으로 강과 함께 발전해.

흔히 우리가 4대 문명이라고 말하는 이집트, 메소포타미아, 인도, 중국 문명은
190
180
170
160
150
이집트
메소포타미아
인도
중국

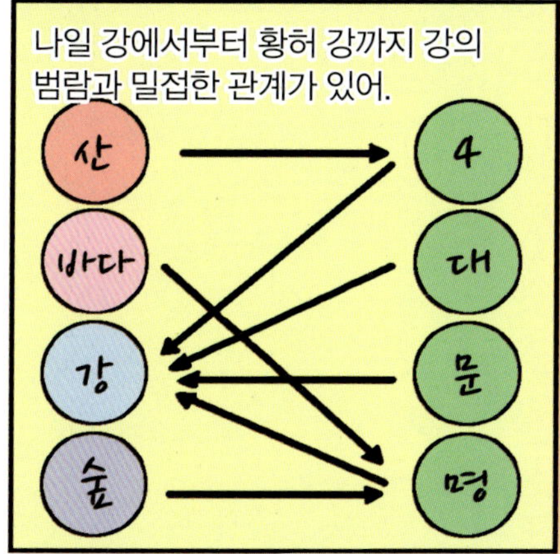

나일 강에서부터 황허 강까지 강의 범람과 밀접한 관계가 있어.
산
바다
강
숲
4
대
문
명

자, 먼저 나일 강에 의해 형성된 찬란한 이집트 문명으로 떠나 보자.
레츠 고!!

기원전 3,000년경 정기적으로 범람하는 나일 강이 날라다 준 비옥한 흙에 의해 등장한 이집트 문명은
티그리스 강
유프라테스 강
나일 강
이집트 문명

물길을 트고 밭을 일구는 공사 중 측량 기술을 통해 훗날 피라미드를 만들고,

별자리 관측을 통해 나일 강물이 불어날 것을 정확히 맞췄어.
내일쯤 강물이 불어나겠군.

자연스레 문명의 토대가 만들어진 거지.
뭘 이 정도 가지고….

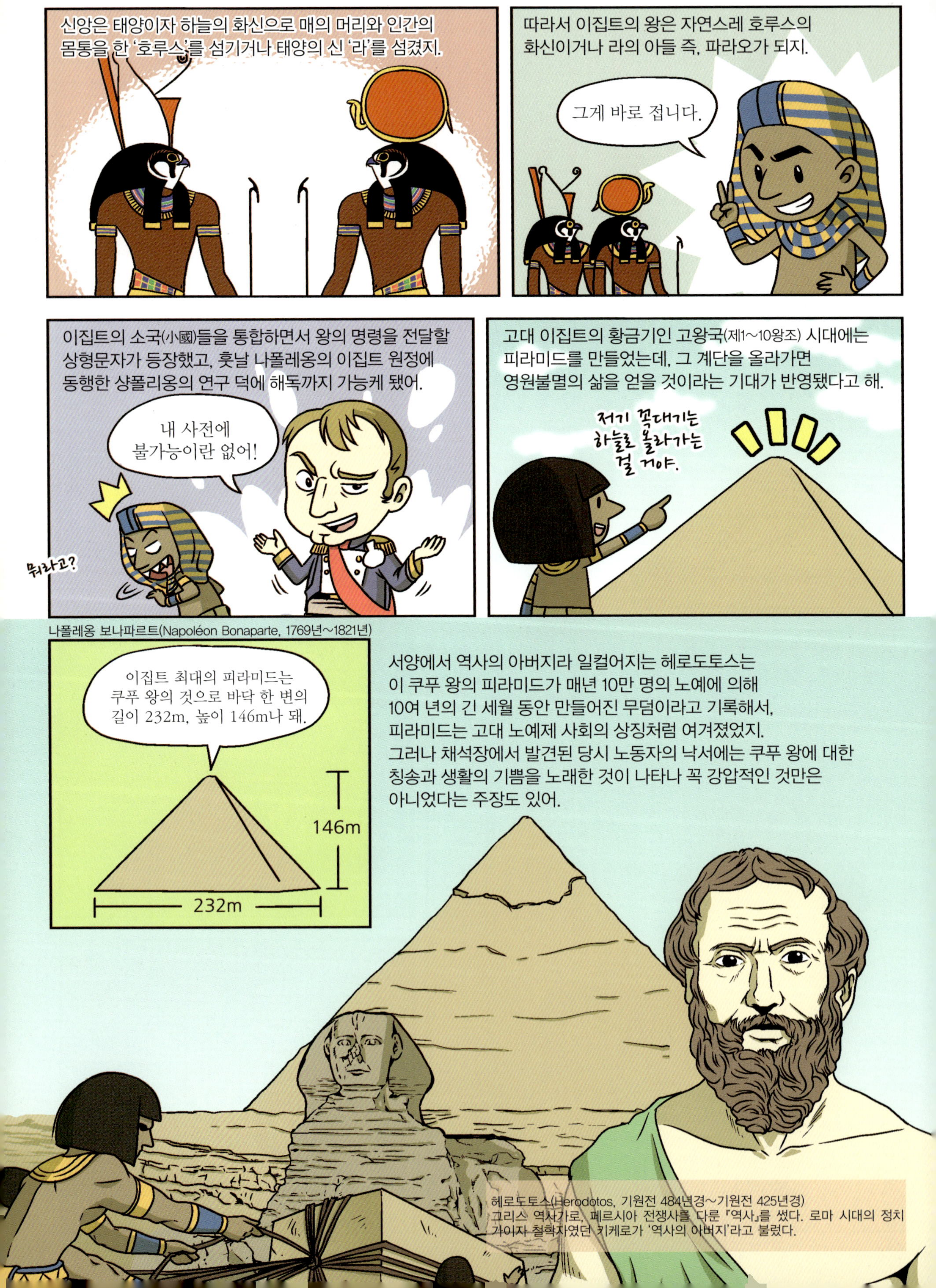

나폴레옹 보나파르트(Napoléon Bonaparte, 1769년~1821년)

서양에서 역사의 아버지라 일컬어지는 헤로도토스는 이 쿠푸 왕의 피라미드가 매년 10만 명의 노예에 의해 10여 년의 긴 세월 동안 만들어진 무덤이라고 기록해서, 피라미드는 고대 노예제 사회의 상징처럼 여겨졌었지. 그러나 채석장에서 발견된 당시 노동자의 낙서에는 쿠푸 왕에 대한 칭송과 생활의 기쁨을 노래한 것이 나타나 꼭 강압적인 것만은 아니었다는 주장도 있어.

헤로도토스(Herodotos, 기원전 484년경~기원전 425년경)
그리스 역사가로, 페르시아 전쟁사를 다룬 『역사』를 썼다. 로마 시대의 정치가이자 철학자였던 키케로가 '역사의 아버지'라고 불렀다.

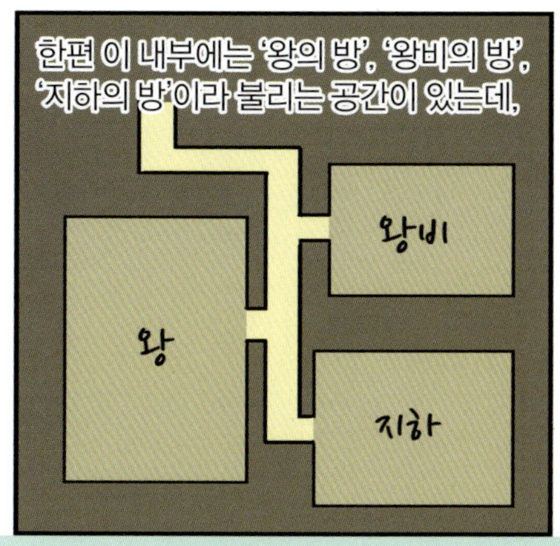

이 옆에 있는 스핑크스는 얼굴은 사람의 모습을, 몸은 사자의 모습을 한 건축물이야.

이 미라를 덮었던 투탕카멘왕의 황금 마스크는 당시 사람들의 내세관을 잘 반영한 거지.

투탕카멘(재위: 기원전 1361년~기원전 1352년)

이집트 문명은 람세스 2세가 통치하던 신왕국 시대가 가장 화려했던 시절이었어.

그는 최초의 철제 무기를 사용한 히타이트와의 전쟁을 이겨내며, 자신의 조각상을 비롯한 거대한 아부심벨 신전을 세웠어.

그러나 그의 사후 이집트 문명은 기원전 667년 아시리아에 의해 정복되면서 무너지게 돼.
크흑….
꿇어!
이집트
아시리아

그 후 이집트는 페르시아와 알렉산더대왕의 지배를 받았으며,
빨리 해!!
이집트
페르시아
알렉산더

클레오파트라로 유명한 프톨레마이오스 시대에 로마의 식민지가 되지.
역시 마무리는 내가….
좋은 게 아닌데

그들의 왕조는 멸망했지만 이집트의 문명은 후대에도 영향을 미쳐.
후세들아~.
으아아~.

상형문자가 기록된 파피루스는 오늘날 영어 '페이퍼'의 시조가 됐고,
어르신….
어흠

토지 측량술은 그리스 기하학의 기초가, 1년 365일의 태양력은 로마의 율리우스력을 거쳐 오늘날 우리가 쓰고 있지.

무덤 속에 '사자의 서'를 적어 넣어 부활의 신 '오시리스'의 재판을 받는다는 믿음이나,

태양신 '아톤'만을 숭배하는 유일신 사상 등은 훗날 여러 종교에 큰 영향을 주었어.
나일 강이 선물해 준 이집트 문명은 인류 역사를 이해하는 중요한 열쇠인 거야.
내가 최고야!!

원래 왕이나 사제들이 나라를 다스리기 위한 도구로 만들어진 쐐기(설형)문자는,

갈대로 만든 붓이 상용화되고 문자의 수도 약 600자로 축소, 정리되면서
얼마 안돼요 한 600개?
600?!
여러 민족의 상거래에 이용됐지.
깔라 깔라
낄리 낄라
뭐라는 거야…
또한 추수한 밀과 보리의 양, 가축의 수, 토지 면적 등에서도 이 문자는 편리하게 활용됐어.
줄 서요, 줄!
토지
가축
수학
문자

또 수메르인들은 오늘날 시간의 단위로 쓰는 60진법을 고안했고,
이것도 우리가 만들었지.

분수법과 제곱근, 세제곱근 등도 생각해냈어.
저 양반이 만든 거였구먼….
수학시간마다 궁금했었는데
어디서 오한이….

이런 고도의 문명 속에도 대홍수에 대한 불안감은 남아 있었나 봐.
지—잉

메소포타미아의 영웅 신화인 『길가메시 서사시』에는 영원한 생명을 찾아 떠난 길가메시가 우트나피쉬팀을 만나지.
길가메시
우트나피쉬팀

신들이 인간을 대홍수로 심판하려는 것을 알게 된 우트나피쉬팀은
홍수로 인간들을
싹 다 쓸어 버린대요~.

구약성서에 나오는 노아의 방주처럼 큰 배를 만들어, 모든 생명체의 씨앗과 가족을 태웠다고 해.

이 설화처럼 메소포타미아 문명에 홍수가 일어나면서 일부 도시가 물에 잠기기도 했어.

이와 함께 도시국가 간 전쟁이 발발하면서 도시 문명은 쇠퇴하게 되었지.

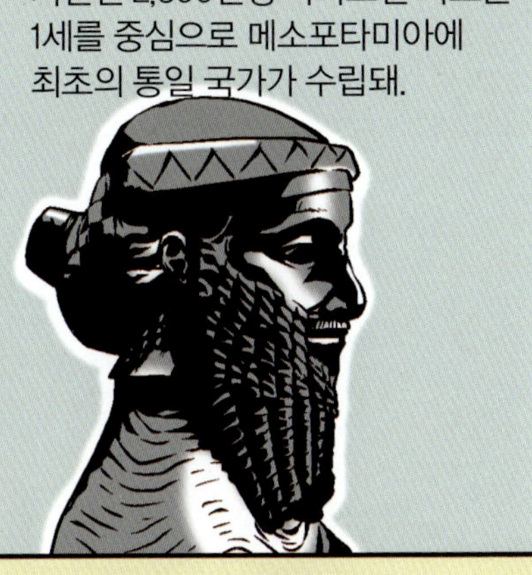

기원전 2,300년경 아카드인 사르곤 1세를 중심으로 메소포타미아에 최초의 통일 국가가 수립돼.

페르시아 만에서부터 시리아를 거쳐 지중해까지 정복한 아카드 왕국,
아카드왕국

뒤를 이어 아무르 인이 세운 바빌론 왕국이 들어서고 유명한 '함무라비 법전'이 제정되지.

평화로운 사회를 위해 함무라비 왕이 만들었다는 법전이지만,

지-잉
눈에는 눈 이에는 이
'눈에는 눈, 이에는' 이라는 말처럼 '복수법'을 중심으로 해.
잔인해

그중에서는 '병으로 고생하는 부인은 반드시 돌봐야 한다.'라는 독특한 법조항도 있긴 해.
의외로 가정적이네
아~ 이놈의 젠틀함

최초로 철제 무기를 사용한 히타이트인들 때문에 어수선하던 메소포타미아 문명은 아시리아 왕국에 의해 다시 발전하는데,
메소포타미아를 부탁해!
맡겨 둬!
아카드
아시리아

이 아시리아 왕궁의 문에는 인간의 형상에 독수리 날개를 단 황소상이 있어.
악을 물리치는 신상으로 지혜와 권위, 풍요를 상징하지.
이 신상은 수메르의 인장과 함께 훗날 페르시아에까지 계승되는 이 지역만의 독특한 문명 중 하나야.
"해태" 같아

메소포타미아 문명은 신바빌론의 네부카드네자르 2세 시절 다시 발전하는데, 그는 세계 7대 불가사의의 하나로 불리는 공중정원과 바벨탑을 짓기도 했어. 공중정원은 왕비를 위해 만든 것으로 계단 모양 정원이 공중에 떠 있어 보인다고 해. 바벨탑은 높이 90m로 정상까지 나선형 계단이 있는데, 구약성서에서 신에게 올라가려는 인간의 오만함의 상징으로도 표현되지. 바벨탑 자체는 '하늘과 땅의 경계에 있는 집'이라는 뜻이야.

네부카드네자르(기원전 630년~기원전 562년)

1,000여 개의 신전을 비롯해 대규모 공사를 통해 메소포타미아 문명을 재건한 전성기의 바빌론에 대해서 헤로도토스는,

알렉산더대왕(Alexander, 기원전 356년~ 기원전 323년)

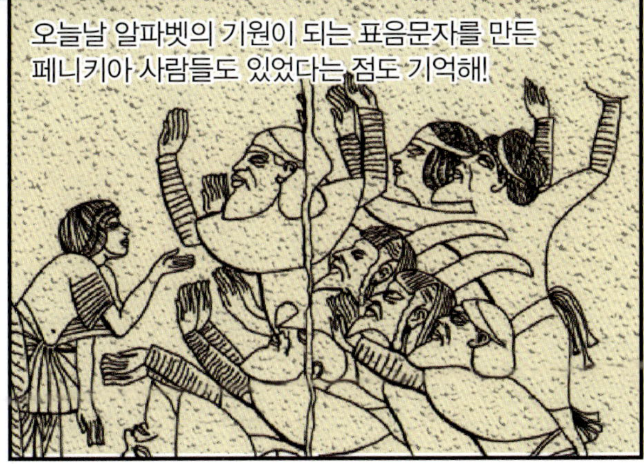

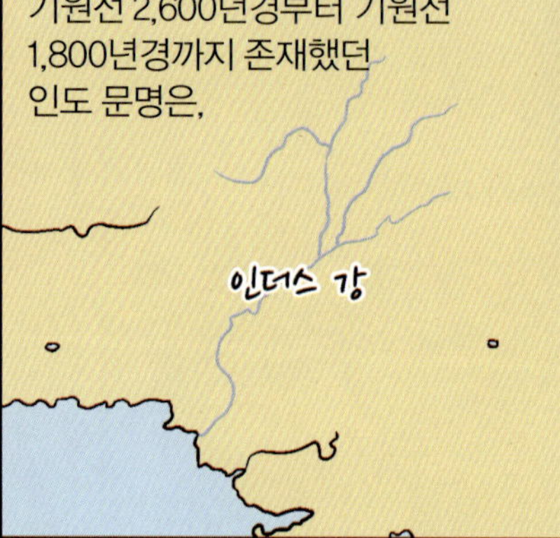

자, 이번에는 오늘날 인도와 파키스탄 일대를 흐르는 인더스 강 유역으로 가 보자.
와아~
기원전 2,600년경부터 기원전 1,800년경까지 존재했던 인도 문명은,
인더스 강

4대 문명 중 가장 넓게 도시 유적이 분포되어 있지만 가장 수수께끼가 많은 문명이기도 해.
뭐 이리 숨기는 게 많아?
신비주의… 콘셉트입니다!

해마다 삶의 터전을 옮겨야 할 만큼 엄청난 강의 범람과,

그 후에 생긴 비옥한 토지를 바탕으로 풍부한 수확이 가능했기에

이 지역 사람들은 강 자체를 신성하게 생각했어.

그리고 주위에 사는 동물들을 신성시해 인장에 문자와 함께 새기기도 했지.

그러나 오늘날까지도 발견되는 이 인장의 문자들은 해독하지 못하고 있어.
뭐라고 쓴 거야?
이집트의 상형문자나 메소포타미아의 쐐기문자와 달리 이것은 어떤 의미인지, 어떻게 표시하는지 도통 모르는 거야.
몰라!

인도 문명의 대표적인 도시 유적은 하라파와 모헨조다로인데,

인장에 새겨진 문자 외에는 책이나 비문이 발견되지 않아서 더욱 궁금증을 자아내기도 하지.
더 없어?
없어.

모헨조다로와 하라파는 도시계획에 의해 벽돌로 건설된 도시인데,
그 특징은 조그마한 마을이 서서히 확대된 것과 달리, 처음부터 거대한 도시를 세밀하게 계획해서 완성했다는 거야.
디테일이 달라!!
디테일이!!

반듯한 시가지에는 구불구불한 길이 전혀 없고,
우와~

각 구역별로 집회소, 곡물창고 등으로 그 장소의 역할이 지정되어 있는 것 같아.

또한 다른 문명과 달리 신관들이 사는 곳에는 대형 목욕탕이 있어.
목욕이나 하고 갈까?
인도 목
목욕

심지어 깊이 2m, 길이만도 10m가 넘는 커다란 벽돌 욕조도 있지.
우와~ 넓다!!

아마도 목욕재계를 하고 나서 신에게 제사를 올렸던 것 같아.
자, 이제 제사 지내러 가세.
그러세~.

요즘도 인도의 갠지스 강에는 많은 힌두교도들이 목욕하는 모습을 볼 수 있잖아? 인도 문명에서 물과 목욕은 신성함과 연결돼.
?

특히 목욕물은 배수로를 통해 하수구로 배출되는데 배수구는 구운 벽돌로 만들어져 물이 새지 않고,
튼튼합니다.
오오~.

쓰레기 제거를 위한 맨홀도 있어 다른 문명과 구분되지.

불교의 윤회 사상처럼 돌고 도는 물이랄까?
돌고 도는 물?
응고
액화
기화
지-잉
인간이 자연을 어떻게 이용하고 숭배하게 되는지, 인류 문명의 특징을 잘 알 수 있게 해 주지.
?

다른 문명권에서 햇볕에 말린 정도의 벽돌을 썼다면,
튼… 튼튼해요.
……
문명
모헨조다로의 도시에 쓰인 벽돌은 구운 것으로 매우 고급스러워.
와~ 품질 자체가 다르네~.
인도 문명
이 벽돌은 인도 문명의 대부분 도시에서 똑같이 사용했다고 해.
감사합니다!
인도 벽돌 최고!!

이런 벽돌로 성을 쌓고 망루를 만들고 반듯한 도로와 배수시설 등을 건축한 것이지.
인도 문명
이곳 사람들도 다른 문명권처럼 밀을 주식으로 했고,
양, 돼지 등의 육류와 물고기를 먹었으며,

청동기를 사용했는데. 다만 대량으로 무기를 제작했다는 흔적은 발견되지 않아.
무기는 없어요?
예… 무기는….
인도 문명

메소포타미아 문명이 늘 침략과 정복이 빈번했던 것과는 대조적이지.
넌 누구와는 달리 착하구나.
인도 문명
메소포타미아

이집트의 피라미드와 같은 거대한 왕의 묘가 없다는 점 또한 독특해.
아~ 왜~!

인더스 강을 중심으로 상업이 발달해서 인도산 목면은 인기가 높은 수출품이었지.
이것도 쓸 만해요.
벽돌 말고 또 있어?
인도 문명
헤헤

그리고 양털로 짠 옷이나 채색토기, 다양한 귀금속의 장신구 등을 가지고 인더스 강을 따라 바다로 나가 메소포타미아 문명과도 교역을 했어.
골라 봐요~.
인도 문명
싸게 줄게.
메소포타미아
메소포타미아
메소포타미아
이때 타고 간 배는 18m나 되는 대형 선박(범선)으로, 돛은 인도산 목면이었다고 해.
지~잉

이런 인도 문명도 기원전 1,800년경에 이르러 강 하류 지역의 융기와 이에 따른 수로 변경,

그리고 삼림의 파괴로 홍수가 밀어닥쳐 갑자기 흔들리기 시작해.

그리고 200~300년이 지나 유령도시처럼 썰렁하게 되지.
휘~잉

1922년 발견된 모헨조다로 도시 유적은 말 그대로 '죽은 자의 언덕'의 모습으로 발견됐어.
커다란 무덤 같군….

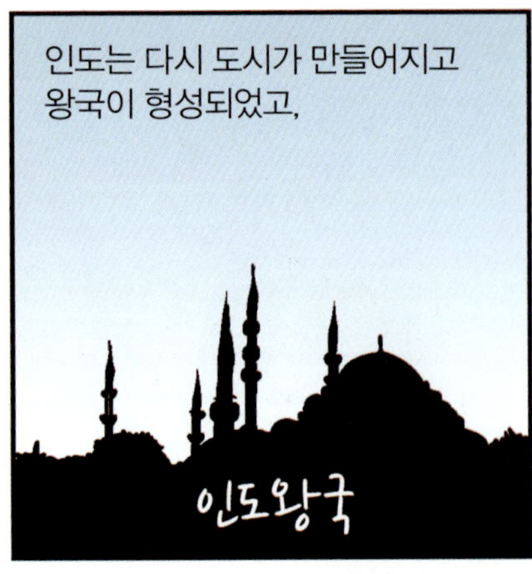

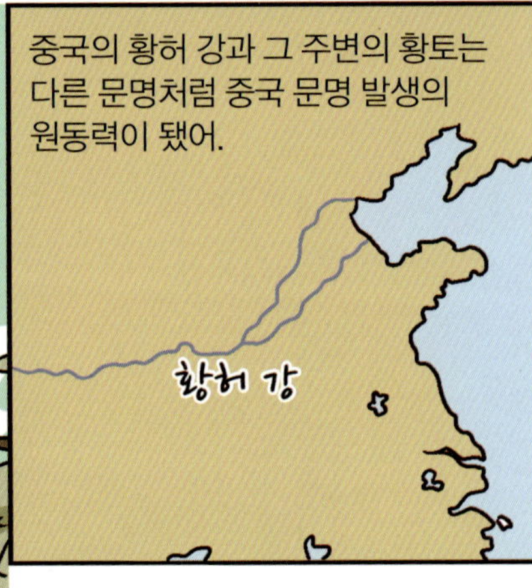

중국의 황허 강과 그 주변의 황토는 다른 문명처럼 중국 문명 발생의 원동력이 됐어.

사마천(司馬遷, 기원전 145년경~기원전 86년경)

산시 성과 허난 성 등에서
산시
허난

하왕조의 것으로 추측되는 유물과
유적이 발견되기도 했지만,
이거 아저씨 거 맞죠?
흠….

유물과 유적에 의해 역사적으로
실재했다고 확인된 최초의 중국 왕조는
상(商, 은)나라야.
……
MADE IN 상나라

기원전 1,600년경부터 기원전 1,046년경까지 존재했던 상나라는
청동기와 갑골문자, 태음력 등을 사용한
고도로 발전된 문명이자 국가였어.

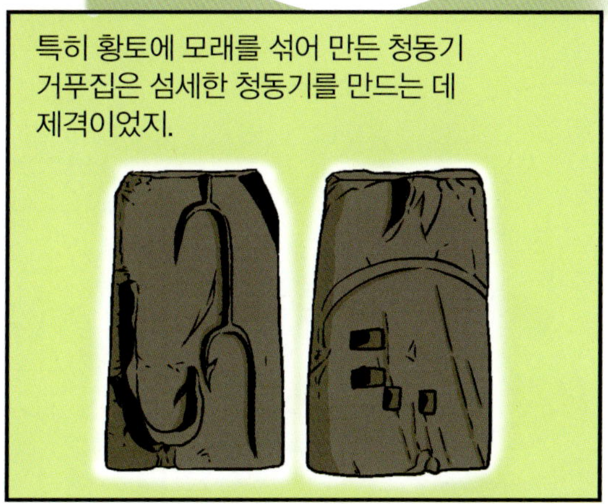

특히 황토에 모래를 섞어 만든 청동기
거푸집은 섬세한 청동기를 만드는 데
제격이었지.

이 청동기로 하늘에 제사 지내는 제기를 만들었고,

이를 바탕으로 상나라 왕은 자신이 하늘의 아들, 즉
천자(天子)임을 과시하기도 했어.
저 하늘이 나를 보냈다!
내가 언제?

바로 제정일치(祭政一致)의 신권 정치를
말하는데,
나의 말이 곧 신의 말이다!
와~아

전쟁이나 사냥 등과 같은 나라의 중대사는 미리 점을 쳐서
신의 뜻을 알아내려고 했어.
여기가 아주 용한 점집입니다!
어흠!
점
사주
궁합
팔자
관상

이를 증명하는 게 바로 점복(占卜)이야.
거북이 등껍질에 불에 달군 가축의
뼈를 놓았을 때,

금이 가는 모양을 해석하면서
신의 뜻을 알아낸 것이야.
즉 점을 친 거지.

이 점은 10일마다 주기적으로
실시됐고,
어서 안내하여라~.
예… 옛!

자연스레 36회를
한 주기로 하는
달력이 생겼어.
그럼 360일이잖아.
1년은 365일인데.

모자라는 부분은 윤일 또는 윤달을
두어 조절했지.
365
360
뭐야
그게…

한편 왕이 죽으면 살아 있는 가신과
궁녀, 노예 등을 함께 묻는
순장(殉葬)의 풍습이 있었지.
사람 살려!

자신들을 신과 연결된 하늘의
아들이라 여겼던 상왕조의
또 다른 특징이기도 해.
니들은 죽어서도
내 노예야.

이런 상나라도 기원전 11세기에
주(周)나라에 의해 멸망하지.
아자!
으….

주나라는 오늘날 시안 시 부근인
호경에 도읍지를 정하고 중국을
지배했는데,
주나라

주나라에서도 하늘에 제사를 지내는 일은 계속되어,
청동기 제기를 사용하며 신권 정치 체제를 유지했어.

주나라는 무엇보다 후대까지 강력한 영향을
미치는 정치 체제를 만들었지.
안 해
안 해

우리의 조선 시대에까지 영향력을 미쳐, 맏아들 중심의 사회가 되지.

우리 큰아들~.

엄마~.

……

적장자(嫡長子): 본부인이 낳은 맏아들.

노마디즘, 여행이 문명을 창조한다

노마디즘(nomadism), 유목민을 뜻하는 노마드에서 유래한 이 말은, 사상적으로는 현재의 상황이나 처지에 만족하는 것을 거부하고 끊임없이 새로움과 진리, 그리고 창조를 향해 떠나가는 것을 의미하는 말이에요. 그 핵심은 '여행' 그리고 정형화된 것에서 벗어나려는 '탈주'라고 할 수 있죠.

프랑스 최고의 석학 중 한 명인 자크 아탈리는 이 노마디즘에 주목해 인류 문명사를 규정지을 수 있는 개념으로 '호모 노마드' 즉 '유목하는 인간'을 연구했어요. 그에게 인류 문명의 탄생은 드라마틱한 '여행'에서 시작됐어요. 약 6백만 년 전 나무에서 내려온 최초의 인류 오스트랄로피테쿠스는 먹이를 찾아, 추위를 피해 불확실한 미래를 견뎌내면서 여행을 시작했어요. 그리고 1만 년 전 인류가 정착하고 농경으로 안주하기 전까지 여행은 계속되었죠. 그 속에서 무수한 신화와 의식이 탄생하였고 결국 이런 방랑은 4대 문명의 탄생으로 이어지게 되었어요. 예를 들어 메소포타미아 문명의 신화인 길가메시 이야기는 여행이 기본 테마이고, 서구 문명의 핵심인 기독교 문명도 사실 유목민의 메시지를 기본으로 하고 있어요. 폭력과 재산이 없고 약속의 땅인 영원의 세계를 지향하는 원시 기독교 사상은 기본적으로 여행을 찬미하는 메시지라는 것이 아탈리의 주장이지요.

가장 눈에 띄는 호모 노마드는 칭기즈칸의 몽골이었어요. 그들은 순식간에 유라시아를 정복했으며 거대한 제국을 만들었어요. 그러나 자세히 보면 세계 국가 로마도 끝없는 여행과 정복 그리고 도로의 건설을 통해 이루어졌으며 이슬람교의 기본도 유목민의 교리를 담고 있어요. 물론 노마드의 정신인 여행과 탈주는 지금도 계

세계 역사상 가장 넓은 대륙을 점유한 몽골 제국의 초대 칸인 칭기즈칸.

속되고 있죠. 세계화라는 문명사적 통합은 단지 국경을 넘나드는 자본에 의한 것만은 아니에요. 세계 시민주의에 입각한 아래로부터의 세계화, 즉 인종과 민족을 넘어 다양한 인류가 서로 존중받는 세계 시민으로서 단결하는 세계화는 NGO라는 이름으로 이뤄지고 있어요. 그 핵심은 권력의 지배를 거부하는 탈주, 그 자체라고 할 수 있죠.

21세기 문명은 이제 '디지털 노마드'로 거듭나고 있어요. 굳이 비행기와 철도, 배를 이용하지 않더라도 1초의 클릭 한 번이면 국가와 자본의 장벽을 넘어 세계 어느 곳이든 접속이 가능해요. 이제 인류는 인터넷과 트위터 등의 새로운 소셜 네트워크를 통해 신 디지털 문명을 창출하고 있어요. 첨단 기술과 그 속에 새로운 탈주와 여행을 꿈꾸는 노마드의 기질이 합쳐지며 이제 세상은 또 하나의 노마디즘이 창출될 것입니다.

소셜 네트워크의 상징으로 떠오른 '트위터'.

3장 서양 문명의 시작, 그리스와 로마 문명

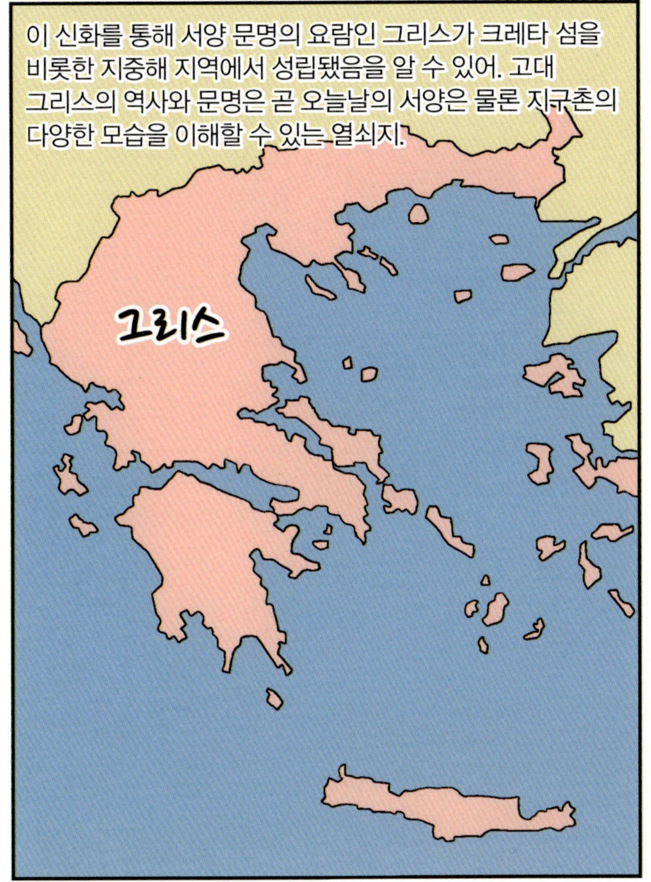

이 신화를 통해 서양 문명의 요람인 그리스가 크레타 섬을
비롯한 지중해 지역에서 성립됐음을 알 수 있어. 고대
그리스의 역사와 문명은 곧 오늘날의 서양은 물론 지구촌의
다양한 모습을 이해할 수 있는 열쇠지.
그리스

그리스 반도는 산이 많고 지중해라는 거대한 바다가
있어서, 처음부터 항해를 통해 식민 도시를 건설하며
교역을 통해 그 영역을 확장해 나갔어.

당시의 항해술이 그리 발달되지 않았음에도
불구하고 스페인과 흑해까지 뻗어나갔지.
그리스

그리고 자신들 내부에서는 '폴리스'라는
도시국가를 만들고,
폴리스
좋았어!
오!
그리스

인간과 유사한 감정을 지닌 올림포스의 12신을 믿으며,
자연과학과 철학을 발전시키는 등 합리적인 문명을
형성했어.
올림포스 12신.
자연과학.
그리스

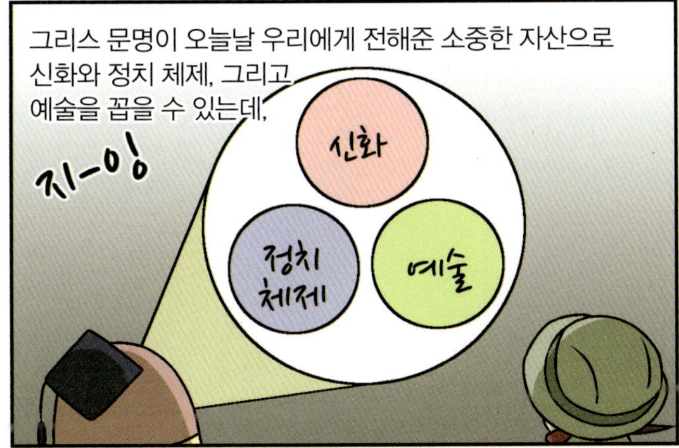

그리스 문명이 오늘날 우리에게 전해준 소중한 자산으로
신화와 정치 체제, 그리고
예술을 꼽을 수 있는데,
지—잉
신화
정치
체제
예술

이 세 가지를 압축적으로
이해할 수 있는 것이 바로
그리스의 수도 아테네야.
아테네로
갑시다!!
아테네

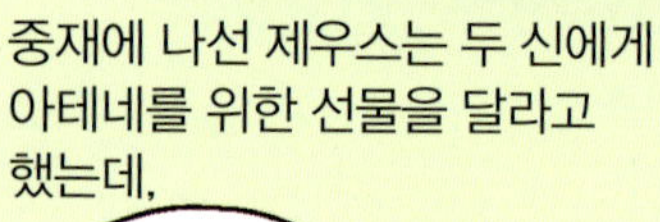

그 밑에는 광장인 아고라(agora)가 있어.

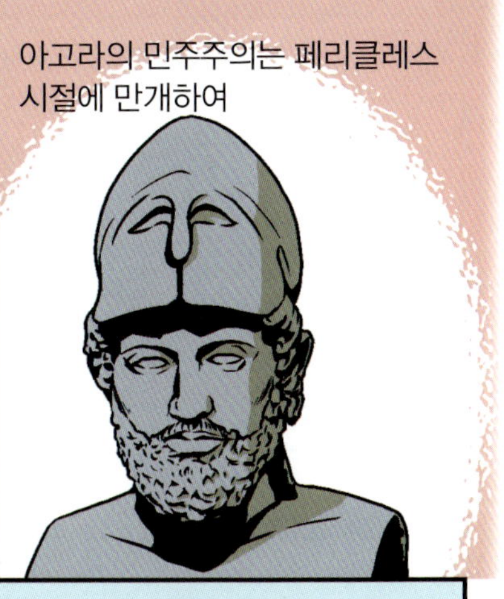

페리클레스(Perikles, 기원전 495년경~기원전 429년)

소포클레스(Sophocles, 기원전 497년~기원전 406년)

소크라테스(Socrates, 기원전 470년경~기원전 399년)

아리스토텔레스(Aristoteles, 기원전 384년~기원전 322년)

그리스는 감성적인 측면 이외에도 이성적인 측면에서도 고도의 정신문명을 일궈냈고,

플라톤(Plato, 기원전 427년~기원전 347년)

이런 그리스의 다양한 정신문명은 르네상스 시기에 다시 빛을 보게 되는데, 르네상스의 화가 라파엘로가 그린 〈아테네학당〉을 보면 잘 알 수 있어.

피타고라스(Pythagoras, 기원전 569년경~기원전 497년경)
유클리드(Euclid, 기원전 365년경~기원전 275년경)

바이런(George Gordon Byron, 1788년~1824년)

최근 마틴 버낼의 『블랙 아테나(Black Athena)』
라는 책은 과연 서양 고전 문명의 뿌리가
아테네인지 도발적으로 질문을 해
주목받았어.

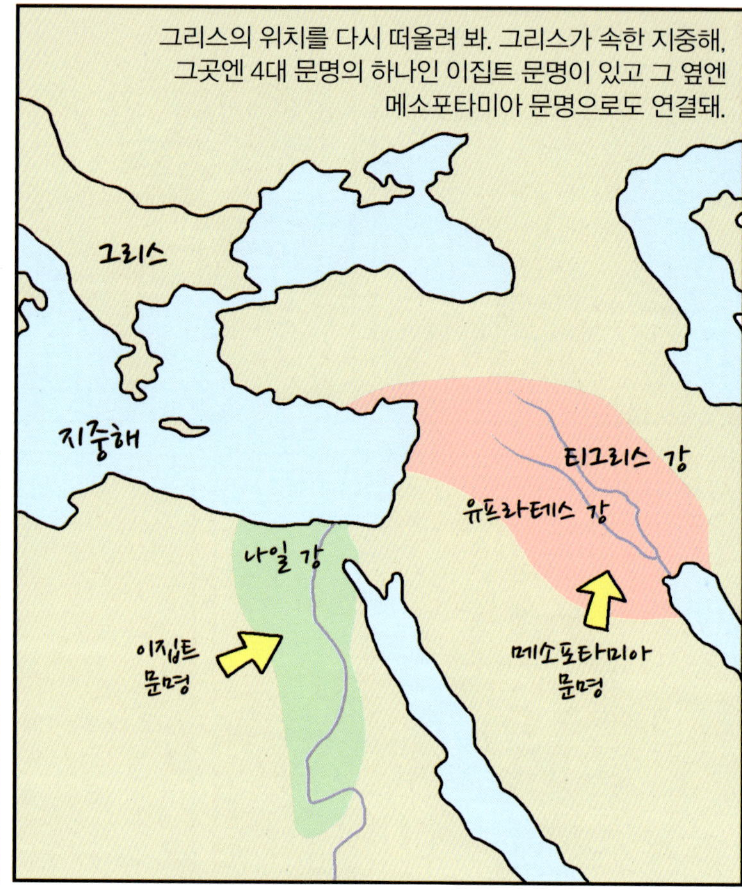

알렉산더대왕의 사후 분열되어 있던 그리스를 갓 부상하기 시작한 로마 사람들이 점령하면서 헬레니즘 시대의 주도권은 로마로 넘어가게 돼.
여… 여기…
주도권

로마인들은 기독교를 공인할 때까지 그리스의 제우스를 비롯한 신들을 명칭만 바꾸고 그대로 받아들여.
제우스님 아니세요?
신 잘못 봤수다.
어흠
유피테르

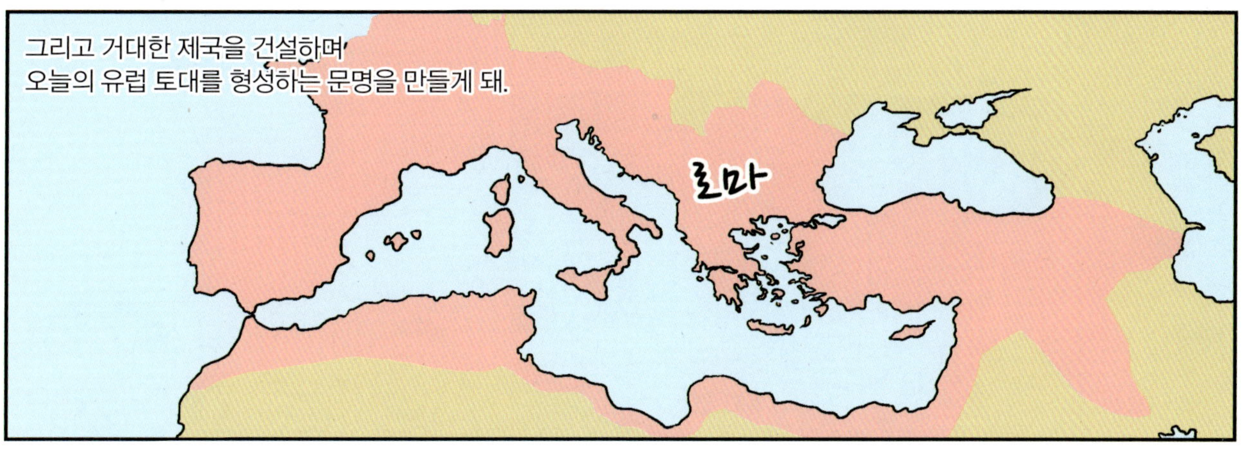

그리고 거대한 제국을 건설하며 오늘의 유럽 토대를 형성하는 문명을 만들게 돼.
로마

"모든 길은 로마로 통한다."는 말처럼 로마와 오늘날의 유럽을 연결하는 것도 바로 이 '길'에서 시작해.
로마

전쟁의 신 마르스의 쌍둥이 아들이자 늑대의 젖을 먹고 자랐다는 로물루스와 레무스,
로물루스
레무스

그 둘의 싸움에서 로물루스가 이기며 세운 나라가 로마야.
아자!
로물루스
으….
레무스

이 일화에서 알 수 있듯이 로마는 전쟁으로 시작하여 결국 게르만 족, 오스만튀르크 등과의 전쟁으로 망하지.
남자라면 초지일관!
자랑이 아냐….
로마

그리고 바로 이 전쟁에서
승리하기 위해 '길',
즉 도로의 완벽한 건설은
기본이었어.

지잉-

오옹~.

로마가 세운 최초의 포장도로인 '아피아가도(Via Appia)'를
따라 로마 문명을 이해해 보자.

기원전 312년에 길이 50km, 너비 8m로 건설되기 시작한
아피아가도는 돌 사이에 회반죽을 채워 넣어 쌓아올리는 로마 특유의
꼼꼼함이 돋보이는 길로,

로마와
남이탈리아는 물론 그리스와
이집트로 가려면 먼저
이 길을 통과해야 했지.

와~아

아피아가도

카이사르의 양자인 옥타비아누스(아우구스투스)도 기원전 31년
악티움해전에서 안토니우스와 클레오파트라의 연합군을 무찌른 후,

안토니우스

클레오
파트라

까불지 마라.

옥타
비아누스

아피아가도를 따라 로마로 개선을 해
로마제국의 초대 황제가 되어 제정 시대를
열었어.

앞으로
여기는
로마다

아우구스투스(Augustus, 기원전 63년~서기 14년)

앞으로
뻗어만 가는 도로의 모습이
곧 로마제국의 확대와
맞물리는 거지.

역설적이게도 옥타비아누스가 이 길로 개선할 때,
로마 정치 제도의 가장 자랑거리였던 공화정은 역사의 뒤안길로
사라지게 돼.

와아

잘 먹고
잘 살아라….

난
간다

'공공의 물건'이라는 의미의 '레스 푸블리카(res publica)'에서 유래한 공화국(republic)은
그 뜻처럼 로마는 왕이나 귀족이 아니라,
우리가 아니라고?
평민, 즉 시민들의 정당한 요구가 언제든 국정에 반영될 수 있는 체제를 말해.
그래, 쉬어. 누가 뭐래나?
우리도 좀 쉽시다!!
그리고 평민들은 중장보병으로 포에니전쟁 등 로마의 수많은 전쟁에 참여하면서 자신들의 권리 주장만큼의 의무도 다했지.
이 공화정으로 인해 그리스보다 문화적으로 후진적이던 로마가 대성공을 거둘 수 있었고,

평민회와 호민관 제도가 적으로 보장됐어.
평민회
호민관
지잉

평범한 시민도 정치에 참여한다는 것,
……
……

그리고 그들의 권리를 보호해 줄 수 있는 호민관이 있다는 것은 정말 훌륭하지.
무슨 볼 일…?
호민관
아닐세…

대부분의 고대 사회가 왕정을 지향할 때,
내가 왕이다!!

로마는 오히려 그리스와 같은 공화정 체제를 발전시켰으며,
결국 근대와 현대까지 가장 매력적인 정치 체제로 남게 됐어.
이 죽일 놈의 인기
공화정

유럽의 근대를 탄생시킨 프랑스혁명은 루이 16세의 구체제를 무너뜨리며
프랑스 혁명
쾅!!
루이 16세 구체제
이 공화정을 회복시켰다고 해도 과언이 아니고,
공화정
프랑스 혁명

오늘날 세계 최강국인 미국 또한 이 공화정을 그대로 벤치마킹했어. 미국의 상원과 하원의 양원제는 로마의 원로원과 평민회를 모델로 한 것이지.
원로원
상원
하원
평민회

반면 이 공화정을 밀어낸 로마 제정,
에잇!
단독 권력을 지닌 황제의 지배를 받은 로마는 역설적이게도 전성기를 맞이하게 돼.
공화정
?

귀족들은 황제 통치 체제에 순응했고,
황제폐하.

식민지 개척으로 로마의 영토는 더욱 커져
와아~
로마
식민지

약 200여 년간 '팍스 로마나(Pax Romana)'라고 불리는 평화 시대를 맞이해.
다 내 덕인 줄 알아~.

화려한 도시와 도로, 수로가 건설됐는데,
대리석으로 된 건물들,
검투사들의 무대였던 원형경기장 콜로세움,
초대형 목욕탕인 카라칼라 욕장 등이 바로 이 시기에 만들어졌지.

지중해를 중심으로 각국에 퍼져 그리스 문자와 에트루리아 문자를 거쳐 로마 문자, 즉 라틴어로 정착됐어.

라틴 문자는 23자였는데 중세에 I에서 J가, Y에서 U와 W가 분화되어 현재의 26자가 완성됐지.

공화정 체제, 알파벳 등과 함께 로마 문명 중 현재까지 이어지는 대표적인 것으로 '법률'이 있어.

로마인의 생활부터 정치까지 모든 것은 법에 의해 규정됐는데,

로마법의 근간이라고 하는 12표법에서부터 리키니우스법, 호르텐시우스법 등과

이런 법들이 집대성된 『로마법대전』이 있어.

유스티니아누스 1세(Justinianus I, 재위 527년~565년)

이후 이 법을 바탕으로 『나폴레옹법전』 등 근대 유럽의 법들이 생겨나게 되지.

그래서 보통 로마의 12표법→로마법대전→중세 교회법→나폴레옹 법전으로 연결돼.

이처럼 로마의 법을 보면 서양의 법과 체제가 보인다고나 할까?

로마법만큼이나 서양인들에게 지대한 영향을 끼친 사상이 있다면

로마 시대에 탄생한 기독교야.

기독교는 로마 시대에 탄압을 받았지만,

곧 국가 종교이자 세계 종교로 자리 잡게 되는데,

로마라는 거대한 제국의 힘이 아니었다면 불가능했을 거야.

기독교 이외에도 로마의 국가 철학이었던 스토아철학을 잊어서는 안 돼.

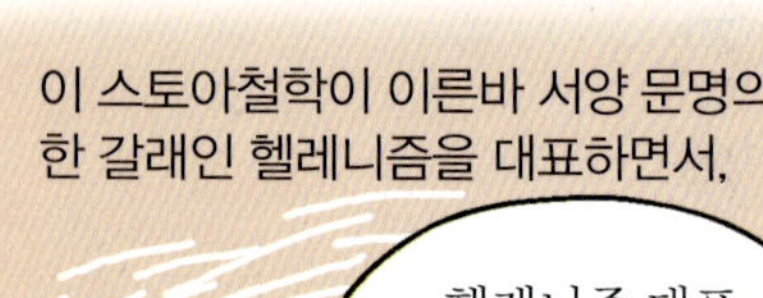
이 스토아철학이 이른바 서양 문명의
한 갈래인 헬레니즘을 대표하면서,

헤브라이즘이라 일컫는 기독교와
함께 서양 문명을 형성하기 때문이지.

'스토아(stoa)'란 원래 '울긋불긋한'
이라는 뜻의 그리스어인데,

스토아철학을 개창한 그리스 철학자 제논이 광장의 울긋불긋한
공공장소인 공회당에서 제자들을 가르쳤기
때문이라고 해.

제논(Xenon, 기원전 490년경~기원전 430년경)

스토아철학의 핵심은 금욕적인 생활을 통해
자연의 법칙에 순응하는 것인데,

이것은 개개인의 삶을
강조하기보다,

공동체를 위해 개개인이 맞출 것을 요구하지.

따라서 무엇보다 로마라는 공동체가 우선이고
이를 지켜야 한다는 질서를 합리화하지.

로마의 가장 현명한 황제로 불리는 아우렐리우스가 스토아철학의
대가였으며, 철학자 세네카 등도 스토아철학을 신봉했어.

마르쿠스 아우렐리우스(Marcus Aurelius Antoninus, 재위 161년~180년)
루키우스 안나이우스 세네카(Lucius Annaeus Seneca, 기원전 4년~서기 65년)

운명은 순종하는 자를 인도하고 거역하는 자를 강제한다.
흐음….
세네카의 말처럼 신의 법칙을 받아들이면서 그 속에서 정신적 위안과 행복을 찾자는 주의이기도 해.

그래서 아우렐리우스 황제는 사랑하는 아들이 죽었을 때도 울지 않았다고 해.
부들
부들

스토아철학은 르네상스기에 논리학과 근대 이성 철학의 성립에 크게 기여해.
스토아철학이 꽤 흥미롭더라고….
데카르트의 근대 철학에도 영향을 끼쳤어.
데카르트(René Descartes, 1596년~1650년)
프랑스의 철학자·수학자·물리학자. 근대 철학의 아버지로 불리며, 그의 형이상학적 사색은 방법적 회의(懷疑)에서 출발한다. '나는 생각한다, 고로 나는 존재한다(cogito, ergo sum)'라는 근본원리를 『방법서설』에 서술했다.

기원전 510년 이탈리아 반도에서 작은 도시 국가로 출발해,
……
로마

그 후 500년 동안 서쪽으로는 스페인, 동쪽으로는 아라비아반도와 북아프리카 일부까지 점령했던 세계 국가 로마.
로마

서로마제국은 476년에, 동로마제국이 1453년에 멸망하게 되지만,
GAME OVER
476년
1453년
서로마
동로마

거대한 영토와 다양한 민족을 거느리면서 오늘날까지 인류 문명에 지대한 영향을 미치게 된 거야.
"모든 길은 로마로 통한다."는 말처럼!
그렇지!

그리스 문명의 도편추방제, 주민소환제로 되살아나다

직접 민주주의를 활짝 꽃피웠던 아테네에는 도편추방제(ostracismos)라는 제도가 있었어요. 오늘날 주민소환제의 기원이기도 한 이 제도를 통해 아테네인들은 국가에 해를 끼친다고 생각되는 시민이나 국가에 위험스러운 인물들을 아테네 바깥으로 추방했죠. 이것은 재산의 소유 정도에 따라 아테네 시민의 정치 참여를 결정하던 금권 정치와 대중의 인기에만 영합하여 독재자로 군림하던 참주정의 한계를 넘어서기 위한 대안이었어요.

투표용지로 사용됐던 도편.

아테네의 정치가 클레이스테네스는 모든 시민들이 민회에서 국가적인 일을 스스로 결정하도록 제도를 개혁하면서 동시에 이 도편추방제를 고안했어요. 귀족 정치의 부활, 참주와 같은 독재자의 출현을 원천적으로 막으려는 목적이었죠. 구체적으로는 매년 1회씩 시민들이 민회에서 도편추방제를 시행할지 여부를 거수로 결정하고, 그 다음에는 10개의 투표소가 설치된 아고라에 시민들이 모여 독재자가 될 위험성이 있는 사람의 이름을 도자기의 파편(도편)에 적는 방식이었어요. 행정관들은 이름이 적힌 수가 가장 많은 사람을 추방했는데 도편의 수가 6,000개가 되지 않으면 무효로 처리했어요. 추방이 결정된 사람은 아테네에서 10년간 추방되었는데 단, 추방되더라도 그 사람의 재산 등 사적인 권리는 보호가 되었고, 또한 다시 아테네로 돌아오면 시민으로서의 권리는 자동적으로 회복되었죠.

기원전 485년을 전후로 처음 설치된 이 도편추방제는 직접 민주주의를 실현

하는 개혁의 방편으로 시작되었어요. 그러나 차츰 세월이 지남에 따라 아테네의 정치인들이 자신의 정치적 경쟁자를 추방하기 위한 도구로 활용하는 폐단도 나타나죠. 페르시아 전쟁을 승리로 이끈 아리스티데스나 테미스토클레스 등의 아테네 정치가들 모두 이 제도를 이용해서 경쟁자를 몰아내기도 했고, 거꾸로 스스로 희생자가 되기도 했어요. 그리스의 철학자 플라톤도 그의 책『국가』에서 "그리스에 꼭 필요한 사람이 도편추방제로 인해 추방되었다."라고 말한 바 있어요. 결국 기원전 417년 이 제도는 사라지게 되었죠.

도편추방제는 어쩌면 직접 민주주의의 가장 확실하고 직접적인 통제수단일지도 몰라요. 왜냐하면 독재자의 출현을 미연에 막을 수 있기 때문이에요. 그래서 이 제도는 오늘날 주민소환제의 기원이 되었어요. 주민소환제란 풀뿌리 민주주의라고 일컫는 지방자치를 시행하면서 독단적인 활동을 하는 지방자치단체장들을 견제할 수 있는 민주적 제도예요. 현재 우리나라에서도 이 주민소환제는 2006년 발의된 후 2007년 시행된 적이 있답니다.

현대 민주주의에서 국민의견수렴의 기본 형태인 투표.

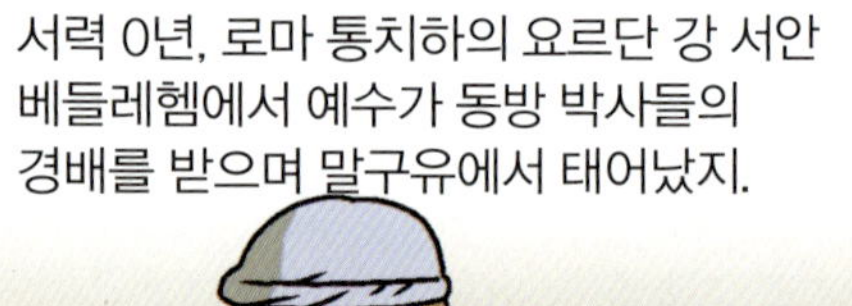

서력 0년, 로마 통치하의 요르단 강 서안 베들레헴에서 예수가 동방 박사들의 경배를 받으며 말구유에서 태어났지.

우리가 흔히 쓰는 달력에서도 바로 느낄 수 있듯이,

기독교와 그로부터 파생된 문명은 오늘날 서양은 물론 세계 곳곳에 남아 있어. 크리스마스를 떠올리면 쉽게 이해될 거야.

유대교나 이슬람교와 공통적으로 유일신을 섬기고,

아브라함의 후손들이라고 자부하지만,

예수를 이스라엘의 유명한 다윗 왕을 잇는

그런데 기독교는 단지 한 지역의 종교에 머물지 않고,

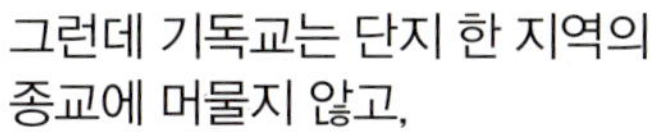

그리스 로마 문명과 함께 서구 문명의 중요한 한 축이자 세계 문명의 한 축이 됐어.

신 앞에서 모든 사람이 평등함을 강조하면서 급속도로 퍼져 나갔지.

이 아피아가도를 따라 예수의 제자였던 베드로가 로마의 박해를 피해 도망을 가고 있었지. 그런데 그 길 위에서 예수를 만난 거야.

깜짝 놀란 베드로가,
주여, 어디로 가시나이까?
네가 도망 나온 로마의 나머지 신자들을 위해 내가 다시 십자가를 지러 올라가는 길이다.

베드로는 이 말에 회개하고 다시 로마로 돌아가 복음을 전하다, 결국 네로 황제의 박해로 십자가에서 죽게 돼.
…….

죽기 직전 그는 스승이었던 예수와 똑같을 수 없다며 십자가에 거꾸로 못 박혀 죽게 되지만,

그의 무덤은 르네상스기 때 성당으로 거듭나게 됐고,
저기다 성당을 짓자.
베드로의 묘

브라만테, 라파엘로, 미켈란젤로 등의 거장의 손을 거쳐,
우리가 힘 좀 썼지.
브라만테
라파엘로
미켈란젤로

1590년 마침내 로마 가톨릭교회의 총본산인 성베드로대성당(산피에트로 대성당)이 세워졌어. 기독교 문명을 성당을 중심으로 한 번 살펴보도록 하자.
성베드로대성당은 고대와 중세, 르네상스기, 심지어 오늘날까지 기독교 문명이 화려하게 유지되고 있는 것을 상징해.
우와~.

콘스탄티누스 1세(Constantinus I, 재위 306년~337년)

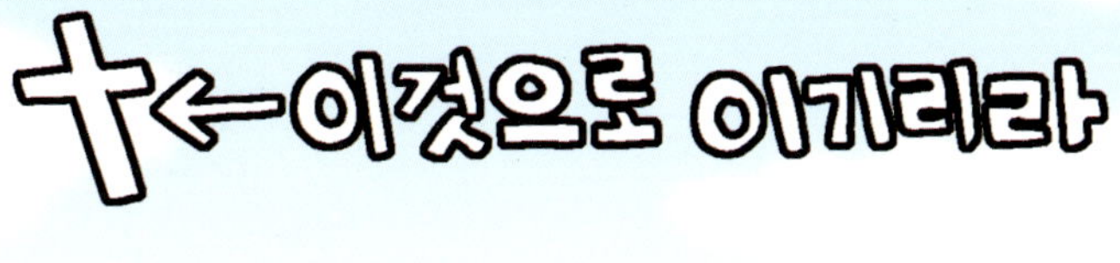

전쟁에서 이기고 황제에 오른 후,

훗날 프랑스의 나폴레옹 1세가 승리를 기념하기 위해 1806년 파리에 이를 본 따 개선문을 세웠고,

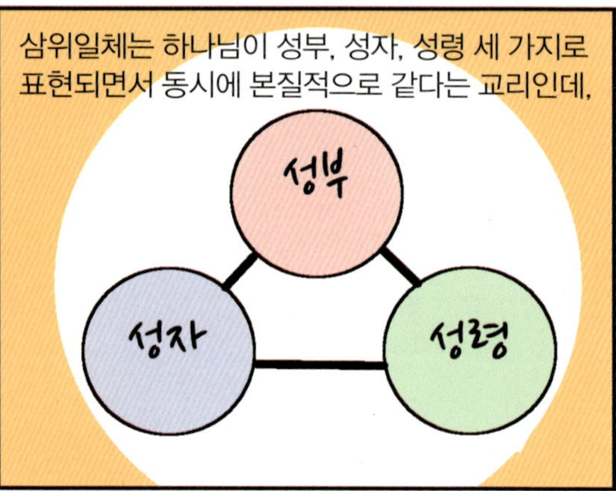

분열된 교회도 통합하면서 거대한 로마를 통치하기 위해 교리의 정립을 시도한 거야.

게르만 족의 침입으로 서로마가 멸망한 후에도

프랑크왕국이 적극적으로 수용하고,

특히 투르 푸아티에 전투에서 이베리아 반도를 통해 진군하던 이슬람 군을 격파하고

이탈리아 북부 지역을 교황에게 기증한 후 더욱 발전하게 됐어.

프랑크왕국의 전성기였던 카롤루스대제는 유럽 대부분을 정복하고,

카롤루스대제(샤를마뉴, Charlemagne, 742년경~814년)

하늘로 높이 치솟은 첨탑과 현란한 원색으로 채색된 유리 조각들로 이루어진 프랑스의 노트르담대성당은 12세기에 건축되었는데, 그 화려한 모습이 중세 유럽에서 교회의 위치와 영향력을 웅변하는 듯해.

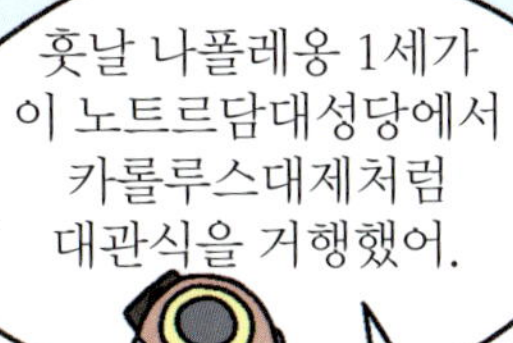

로마 황제의 지위를 고스란히 로마 가톨릭이 이어받았다고나 할까?

그래서 그리스 로마의 헬레니즘과 함께 유대 민족에게서 기원한 헤브라이즘, 이 두 가지가 유럽 문명의 원동력이라고 해.

한편 옛 서로마에 성베드로대성당과 노트르담대성당이 있다면, 동로마의 기독교 문명을 상징하는 것으로는 성소피아대성당이 있지.

성소피아대성당은 세계에서 네 번째로 큰 성당이야.
성 소피아 성당
아쉽다, 순위권!
4

비잔티움(Byzantium)이라고도 불리며 1453년까지 존재했던 동로마제국은 그리스정교, 혹은 동방정교(東方正敎)라는 또 다른 기독교 종파를 형성하는데,
동로마
동방정교

부활한 예수를 상징하는 태양, 즉 부활의 빛이 동방에서 떠오른다고 해서 동방정교라고 해.
오~ 해 뜬다!
기독교
동방정교

여기엔 가톨릭 교황과 같은 우두머리는 없고,
왜?

주교들이 모인 이른바 공의회에서 특정한 교리를 정하지.
저, 저기….
쑥덕
쑥덕

이 성소피아대성당은 동로마제국의 수도 콘스탄티노플에 있었던 성당으로, '성스러운 지혜'라는 뜻에서 그 이름이 유래했고,
이름 뜻은 예쁘네….

동로마 황제였던 유스티니아누스에 의해 완성됐어.
내가 만들었어.

이 성당 안에는 아기 예수를 안고 있는 성모마리아의 모자이크 벽화가 있으며,

바깥은 지름 31m의 돔으로 덮여 있어.
31m

15세기 오스만튀르크에 의해 '아야소피아(Ayasofya)'라는 이슬람 사원으로 바뀌기도 했어.
이슬람
이제 여기는 이슬람 사원이야
아야소피아

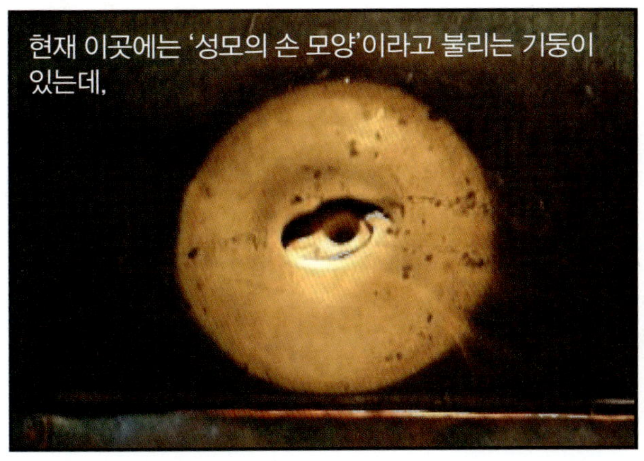

안토니오 가우디(Antoni Gaudi, 1852년~1926년)

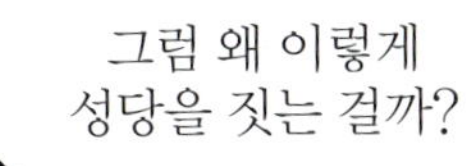

예수가 행한 최후의 만찬을 재현하며 유일신을 찬양한다는 '할렐루야'와 '그리 되게 하소서'라는 뜻의 '아멘'을 외치지.
할렐루야!!
아멘!!
이 성당 때문에 근대 유럽이 탄생하기도 하는데,
아빠~.
성당
뭐?
근대 유럽

발단은 앞에서 보았던 성베드로대성당 건축을 위한 공사비 마련 때문이었어.
아~ 부족한 돈을 어디서 채우지?

16세기 초 교황 레오 10세는 기독교인들이 고해성사를 통해 자신의 잘못을 뉘우친 후,
……
고해성사
후련하다

선행을 해야 완전히 면죄된다는 점에 착안하여,
그래, 바로 그거야!
오우!! 지저스!!

성베드로대성당의 공사비를 이 면죄부 판매로 충당하려 했어.
이것만 있으면 죄가 사라집니다!
면죄부
와~아

그런데 1517년 10월 독일의 한 평범한 신학 교수인 마르틴 루터가
마르틴 루터(Martin Luther, 1483년~1546년)

'95개조 반박문'을 통해 이에 대해 정면으로 도전했어.
이건 말도 안됩니다!
우웃!!
95개조 반박문

결국 기존 가톨릭 체제를 인정하지 않겠다는 거였지.
미, 미안….

그리고 이를 계기로 가톨릭과 개신교로 분열됐고,
엥?
엉?
가톨릭
개신교

라파엘로(Raffaello Sanzio, 1483년~1520년)

도나토 다뇰로 브라만테(Donato d' Aguolo Bramante, 1444년~1514년)

미켈란젤로(Michelangelo di Lodovico Buonarroti Simoni, 1475년~1564년)

츠빙글리(Huldrych Zwingli, 1484년~1531년)

칼뱅(Jean Calvin, 1509년~1564년)

현세의 생활이 신앙과 밀접할 뿐 아니라 더 나아가 좋은 내세를 보장받을 수 있다는 이 논리는,
다음 생에는 부자로 태어나게…

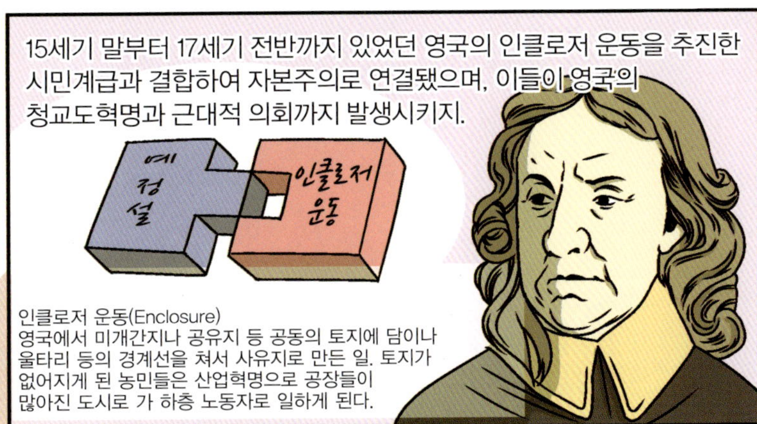

15세기 말부터 17세기 전반까지 있었던 영국의 인클로저 운동을 추진한 시민계급과 결합하여 자본주의로 연결됐으며, 이들이 영국의 청교도혁명과 근대적 의회까지 발생시키지.
예정설
인클로저 운동
인클로저 운동(Enclosure)
영국에서 미개간지나 공유지 등 공동의 토지에 담이나 울타리 등의 경계선을 쳐서 사유지로 만든 일. 토지가 없어지게 된 농민들은 산업혁명으로 공장들이 많아진 도시로 가 하층 노동자로 일하게 된다.

현재 세계 최고의 자본주의 국가 미국도 이 프로테스탄트 중에서 영국 청교도, 즉 개신교도들이
개신교

금욕과 청빈함, 그리고 예정설을 바탕으로 미국으로 건너가,
따라 와~.
금욕
청빈함
예정설
개신교

막강한 부의 국가를 건설한 거야.
와하하! 난 부자다!!
개신교

흔히 이들을 '와스프(WASP)'라고 부르는데,
WASP
?

백인(White)에 앵글로―색슨족 (Anglo―Saxon) 출신의 개신교도 (Protestant)를 뜻하는 말이야.
제가 바로 WASP 입니다.

인종의 용광로로 불리는 미국이지만,
……
……
……

이들이 미국 상류층에 대대적으로 포진하고 있어,
……

미국의 정치, 경제 등을 좌지우지하고 있지.
우리는 친구!!
정치
경제

콜럼버스(Christopher Columbus, 1451년~1506년)

그가 도착한 곳은 미국과 쿠바 인근의 섬인데,
여기가 인도가 아니라고요?
아닌데요.

기독교인이었던 콜럼버스는 그 섬을 '구세주의 섬', 즉 '산살바도르(San Salvador)'라고 이름을 붙였고,
여기는 구세주의 섬이다.
산살바도르
인도가 아니라니 그럴 리 없어
우리 밭에 무슨 짓이야!!

그는 그곳을 인도라고 착각하며 거기에 살고 있는 원주민들을 '인디언(Indian)'이라고 부른 거야.
여기는 인도이고 당신은 인디언이야.
아 글쎄, 여긴 인도가 아니라니깐….
인디언 인디언
지친다 지쳐

원주민들은 그들만의 농경과 사냥에 의한 평화로운 토착생활에 만족하고 있었는데,

콜럼버스는 이를 오히려 미개한 야만족의 문화라 여겼고,
미개한 야만인들….
아까부터 짜증나네 정말

더 나아가 이들을 기독교인으로 만들어 서양의 문명을 따르도록 했어.
미안미안. 혹시 기독교라고 아니?
기독교?

실제 콜럼버스는 원주민 중 10여 명을 에스파냐로 데리고 가 기독교인으로 세례를 받게 하기도 했지.
아멘.

문제는 콜럼버스의 목적이 단지 선교만이 아니라는 거야.
내가 이러려고 온 게 아닌데….
굴적 굴적

그들은 금과 보석을 찾아 항해를 한 거였어.
그래 맞아!!

이는 신대륙에서의 약탈과 몰살의 계기가 되었어.
……

원주민들의 문화, 예를 들면 인신공희(人身供犧)와 같이 산 사람을 제물로 바치는 것에 대해,

기독교의 이름으로 문명화시킨다는 명분을 내세우기도 했지만,
저기 야만인을 몰아내자!
뭐?
기독교

결국 역사적으로는 서양의 정복과 약탈이 시작되었지.
뜨끔!!
기독교

여기서 우리는 세계의 다양한 문명이 과연 모두 동등하게 인정받을 수 있느냐,
문명
문명

아니면 특정 문명이 다른 문명보다 우위일 수 있고
문명
문명

보편의 이름으로, 예를 들면 자유와 평등 혹은 인권의 이름으로
보편
평등
자유
인권

독특한 문명이나 문화에 개입을 할 수 있느냐를 생각해 볼 만해.
어렵네

상대성을 인정하느냐 아니면 옳지 못한 것에 대해서는 개입을 하느냐는 것이지.
어쩌지? 어쩌지?

서구의 눈, 그리고 핵심인 기독교 문명의 눈에 야만, 혹은 비인간적인 문화라고 여겨진 것에,
이 야만적인….

어디까지 개입이 가능한 것일까?

로욜라(Ignatius Loyola, 1491년~1556년)

〈미션〉: 1986년 개봉한 로버트 드니로 주연의 영화.

오스카 로메로(Oscar Arnulfo Romero, 1917년~1980년)

한편 서양 내부에서는 기독교 문명의 유일신 사상이나 천년왕국설 등에 영감을 얻어,

때론 이를 확대하고 때론 반대하면서 독자적인 사상 흐름이 나타났는데,

정-반-합의 변증법적 사상체계를 만든 헤겔은 궁극적으로 절대정신으로 나아갈 것이라는 기독교적인 교리를 받아들였고,

헤겔(Georg Wilhelm Friedrich Hegel, 1770년~1831년)

공산주의를 창시한 칼 마르크스는 거꾸로 '종교는 아편'이라며 기독교가 아니라 오직 계급투쟁으로 역사를 바라볼 것을 주장하기도 했지.

마르크스(Karl Heinrich Marx, 1818년~1883년)

한편 19세기 말에 독일의 철학자 니체는 '신은 죽었다'고 선언하면서

니체(Friedrich Wilhelm Nietzsche, 1844년~1900년)
쇼펜하우어의 의지철학을 계승하는 '생의 철학'의 기수(旗手)이며, 키르케고르와 함께 실존주의의 선구자다. 『반시대적 고찰』 『차라투스트라는 이렇게 말했다』 등을 썼다.

개인의 무한 자유와 의지를 강조한 '초인' 사상을 역설하기도 했지.

그가 기독교적 가치관의 대안으로 생각했던 건 고대 그리스 철학이었어.

서양의 두 가지 문명의 축이 그리스 · 로마와 기독교 문명이라는 것을 새삼 확인시켜 주지.
우와~.
이름

지금까지 살펴본 기독교 문명은 로마부터 현재까지 지속되고 있으며 서양의 문명을 대표하는데,
로마
현재

비록 종교 개혁과 근대 이성에 의해 그 영향력이 점차 쇠퇴하고 있지만,
쪼그라드네….
기독교

여전히 교황청을 중심으로,

또 전 세계에 퍼져 있는 다양한 기독교를 통해 그 생명력을 이어가고 있어.
다 저희 자식들입니다.
기독교
가톨릭
정교회
개신교

최근에는 소설 『다빈치 코드』와 같은 대중문화 속에서도 기독교는 또 다른 기호로 채택되고 있기도 하지.
THE DA VINCI CODE
A NOVEL
DAN BROWN
AUTHOR OF ANGELS AND DEMONS

그러나 그 핵심은 이웃을 사랑하라는 지극히 평범한 가르침이라는 것을 잊지 말도록 해.

기독교 문명 속 유토피아를 지향한 토머스 모어

『유토피아』를 쓴 영국의 정치가
토머스 모어(1478년~1535년).

　서양에서는 고대부터 근대까지 계속해서 이상향에 대한 사상들이 나타났어요. 그것은 그리스의 철학자 플라톤부터 마르크스의 사회주의까지 다양한데, 플라톤은 가장 이성적인 철학자들이 통치하며 재산을 공유하는 공동체를 이상으로 여겼죠. 또한 기독교 사상도 천년왕국과 같은 지상의 영원한 낙원을 꿈꿨어요. 그러나 그것은 매우 소박하면서도 사랑으로 충만한 형태의 이상향이었어요. 원시 기독교 사상은 재산을 공유하며 유일신과 이웃에 대한 사랑을 중심으로 공동체를 형성하는 이상을 제시하였죠.

　토머스 모어는 에라스무스와 함께 현실 비판과 사회 개혁을 주장한 르네상스 시대의 대표적인 인문주의자로 영국 헨리 8세 시절 대법관까지 임명되었던 그는 누구보다 독실한 가톨릭 신자로 청빈과 절제, 공동체적인 생활을 지향하는 기독교적 가치를 지지했어요. 이를 바탕으로 자신의 저서 『유토피아』에서 당시 영국 사회의 문제점을 비판하면서 새로운 이상 사회에 대한 비전을 제시했어요. 우리가 오늘날 이상향이라는 보통 명사로 사용하는 유토피아(UTOPIA)는 원래 '아무 데도 없는 곳'이라는 뜻이에요. 즉, 이 세상에 존재하지 않는 곳이라는 뜻인데, 이런 설정을 통해 그는 『유토피아』에서 당시 영국 사회의 문제들, 특히 소유와 분배의 불공정함과 사유 재산제도의 문제 등을 신랄하게 비판할 수 있었어요.

　사회 개혁적이면서 기독교적 원칙과 가치를 철저하게 지켜 나간 토머스 모어의 유토피아는 무엇이었을까요? 그것은 모든 사람들이 재산을 공유하며 6시간만의 노동과 자유롭고 창의적인 여가 활동을 통하여 복지가 보장되는 민주적인

공동체를 의미해요. 이것은 당시 절대 왕정과 귀족, 지주 등의 일부 지배층에 의해 유지되며 초창기 자본주의가 등장하며 다수의 농민이 몰락하던 영국의 사회와는 전혀 다른 모습의 이상향이었어요. 일하지도 않으며 재산을 불리고 탐욕을 즐기는 사람도 없고, 힘들게 일해도 늘 굶주리는 사람도 없으며 단지 6시간 만의 노동으로도 모든 사람이 풍요롭게 살 수 있다는 거예요. 또한 다양한 종교가 인정되며 다른 이의 생각이 존중되는 사회이고, 전쟁이 아닌 평화를 유지하는 사회이기도 했어요. 이러한 사회는 사랑과 청빈이 어우러진 기독교적 공동체 이상이 반영된 모습이기도 하죠.

소박하며 검소한 공동체적인 모습, 르네상스 시대 휴머니스트였던 토머스 모어는 단 한 사람이나 극소수의 행복이 아닌, 모든 이들이 행복을 누릴 수 있는 곳으로서 '유토피아'라는 이상향을 그려 냈어요.

암브로시우스 홀바인의 목판화가 실린 1518년 판 『유토피아』.

5장 신이 원하신다면 이루어진다, 이슬람 문명

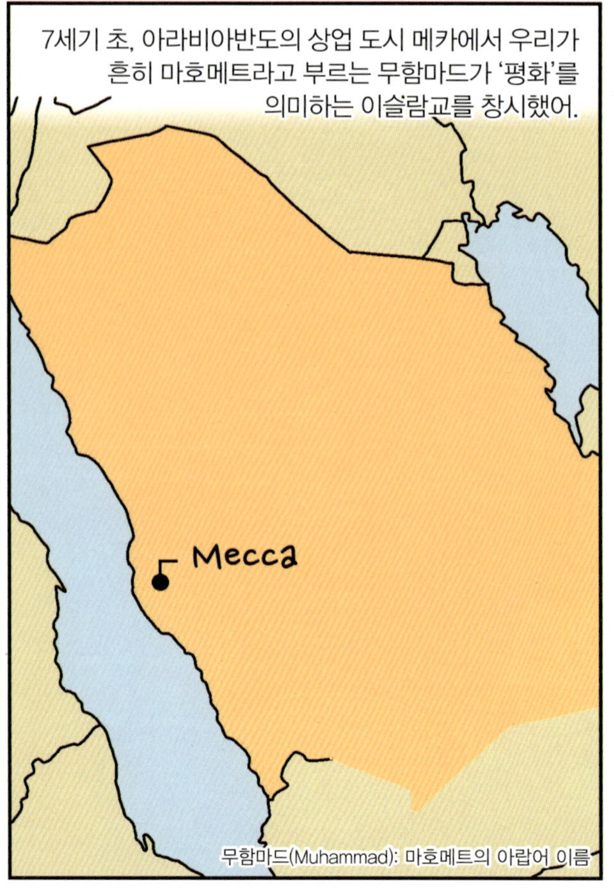

7세기 초, 아라비아반도의 상업 도시 메카에서 우리가 흔히 마호메트라고 부르는 무함마드가 '평화'를 의미하는 이슬람교를 창시했어.

무함마드(Muhammad): 마호메트의 아랍어 이름

현재 기독교의 뒤를 이어 세계 약 15억만여 명이 믿는 이슬람교는

사실 기독교가 가톨릭과 개신교, 그리스 정교 등으로 나누어져 있는 것을 감안하면, 이슬람교를 믿는 인구는 다른 종교보다 월등히 많다고 볼 수 있지.

이슬람의 알라신이 곧 유일신인데,

'이슬람'이라는 말은 불교나 크리스트교(기독교)처럼 부처와 예수의 이름에서 따온 게 아니라, 어원으로는 '평화', 종교적으로는 '복종'을 뜻해.

따라서 유일신 알라에게 복종함으로써 평화를 얻는 종교라는 거야.

여러분 중에는 9.11 테러나 '한 손에 칼, 또 한손에 쿠란'이라는
유명한 말 때문에,
까아아악!
이슬람
까악!

이슬람을 매우 폭력적이거나 전투적인
종교로 이해하는 사람이 있을지도 몰라.
엑?!
정말?
이슬람

그러나 사람을 죽이거나 무력으로 이슬람교를
전하라는 말은 그들의 성서라
일컫는 '쿠란'에는 없어.
…….
'쿠란'은 무함마드가
알라로부터 들은 말씀, 즉 신의
계시를 담은 것으로 무함마드가
말한 것이 아니야. 이 점이 또
기독교의 성서와 다른 점이지.
허둥
이슬람
지둥

어원으로는 '읽다', 즉 영어의 '리딩(Reading)'
이라는 뜻의 이 쿠란은
쿠란
흠…

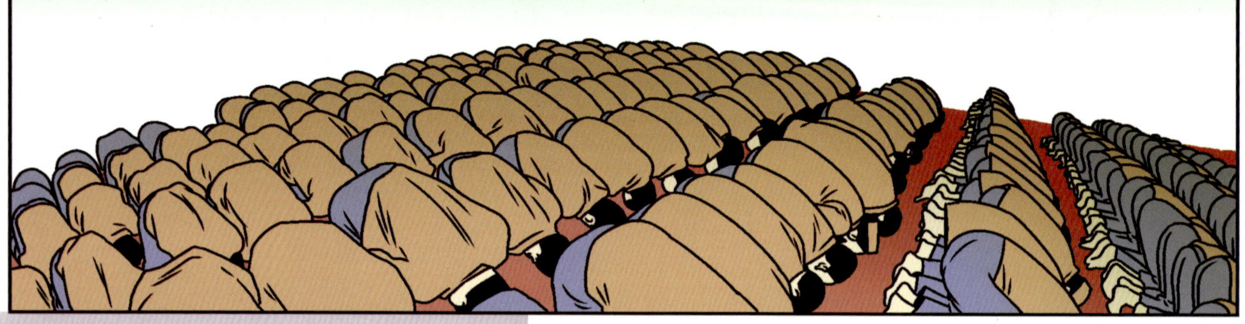

전 세계 15억 무슬림이 하루 5번 예배를 하면서 아랍어로 낭송하는데,
여기엔 분명하게 '종교에는 어떠한 강요도 있을 수 없다.'고 못 박아 놓았어.

이런 평화와 관용의 정신이 후발주자인
이슬람교를 세계 종교이자 문명으로 이끈
핵심이기도 해.
으샤!
으샤!
…….
평화
관용
이슬람

실제로 이슬람교는 발생한 지 100년도 채 안돼 중앙아시아,
북아프리카, 유럽의 스페인 지역, 인도와
중국까지 급속도로 퍼졌었어.
까악!! 오빠!!
I love
이슬람
중앙
아시아
북
아프리카
스페인
인도
중국
아~ 피곤해.
이놈의 인기는
정말~.
이슬람

그러나 현재 이스라엘과 팔레스타인의 분쟁에서 보듯 서양의 이익과 이스라엘의 독립 문제가 결합하면서 기독교 문명과 이슬람 문명 간의 대립으로 지금까지 계속되고 있어.

예루살렘의 옛 솔로몬 성전 자리 위에 세워진 이슬람 사원인
'알아크사 사원'은 '바위 돔사원'으로도 불리는데,
우와아아!

이곳은 아브라함이 자신의 아들을
유일신에게 제물로 바치려고 자리였어.
아빠, 여긴
어디야?
어?
어….

621년에 무함마드가
승천하여 알라의 계시를
받은 곳이기도 해.

지금은 이스라엘과 팔레스타인으로
대변되는 서양과 이슬람 문명의
갈등을 가장 상징적으로 보여 주는
건축물이지.
왜 날 가지고
그래?
이슬람
팔레
스타인

이슬람에 대한 또 다른 오해 중
하나는
이슬람
또 있어?

종교적으로 여성 차별이 공인된
게 아니냐는 문제인데,
물러가라!!
아,
아니에요.
여성단체
이슬람

일부다처제나 이슬람 여성들이 두르고
다니는 히잡을 보면 그렇게 느낄 수도
있으나,
히잡

이슬람교에서 남성과 여성은 평등하며 여성도
법적인 보호를 받는 것으로 되어 있어.
엥?
거 봐요.
여성단체
이슬람

그러나 이슬람교 이전부터 존재하던 아랍 사회의 남성 중심적
전통이 현재까지 이어지면서 여성에게 차별·대우를 하고 있는
거야.
어디 여자가
말이야!
여성단체
저 사람이
한 거예요.
이슬람
아랍

유목 민족의 특성과 전쟁 등으로 인해 혈통 보존을 위한 측면 등이 살아남으면서 이슬람 문명권에서 여성의 지위가 하락했지.

그러나 터키 등 이슬람 근대화에 성공한 나라 등은 여성이 총리가 되고 이혼도 하며 히잡을 벗어던지는 등 자유로운 모습을 보이기도 해.
아우~ 개운해

이제 이슬람의 성지 메카에 있는 이슬람교 성전 카바로 가 보자. 카바는 아랍어로 '주사위'라는 뜻인데, 이슬람의 성당인 모스크 정 중앙에 위치하고 있어. 무슬림들은 태양이 움직이는 방향에 맞춰서 까만 큐브 모양의 신전을 돌고, 동편 모퉁이에 놓인 까만 돌에 입을 맞춘다고 해.

원래 여기엔 아랍의 대상인들이 섬기던 다양한 신의 조각상이 있었는데, 무함마드가 이를 모두 파괴하고 여기를 이슬람 제1의 성소로 삼았다는 거야.

오늘날에도 15억 무슬림들은 항상 이 카바가 있는 메카를 향해서 매일 예배를 하지.

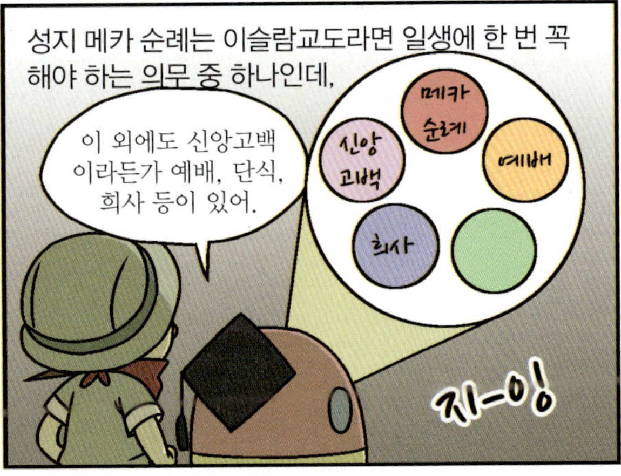

성지 메카 순례는 이슬람교도라면 일생에 한 번 꼭 해야 하는 의무 중 하나인데,
이 외에도 신앙고백 이라든가 예배, 단식, 희사 등이 있어.
메카 순례
신앙 고백
예배
희사
지~잉

여기서 이슬람 문명의 특징으로 눈에 띄는 것이 '단식'으로 일명 '라마단'이라고 하지.
참아야 하느니라~

이슬람력의 아홉 번째 달을 의미하는 라마단은
저, 여기 라마단 씨가….
제가 라마단인데요.
5
6
7
8
9
10

무함마드가 천사 가브리엘로부터 쿠란의 계시를 받은 달을 신성하게 여겨,
누… 누구?
가브리엘 이다.
날고 있네
일출에서 일몰까지 의무적으로 금식하고, 날마다 5번의 기도를 드린다고 해.

이 시기의 선행은 가장 축복이 깃든다고 해서 가난한 자들을 보살피듯이 그들의 고통을 이해하자는 차원에서 단식을 하는 거야.
가난한 사람들의 고난을 생각해!
이슬람
나눠 먹으면 되지

또한 단식을 통해 자기 자신에 대한 인내와 통제를 기르는 금욕적인 의미도 있어.

오늘날 라마단 기간 동안 이슬람 사람들은 낮 동안엔 물 한 모금도 마시지 않지만,
짜쟁
짜쟁
무… 울…!

해가 진 뒤에는 푸짐한 식사를 하고 자정 전에 간단한 식사를 하기도 해.
맛있다~

한편 기독교 문명을 대표하는 건축물이 성당이라면 이슬람은 모스크(mosque)가 있지.
안녕?
성당
모스크
기도 의식을 행하는 예배당인 모스크는 메디나에 있었던 무함마드 집의 기도처를 원형으로 해서 둥근 돔과 첨탑으로 이루어진 매우 단순한 구조로 되어 있어.

어떻게 보면 직선과 곡선의 조화랄까?
그러게….
나도 곡선과 직선의 조화

이 속엔 어떠한 신상이나 제단도 없고, 신비한 장면이나 종교적 의례도 없어.
음….
없어요.
없어.
모스크

'꿇어 엎드려 경배하는 곳'이라는 의미의 아랍어 '마스지드(masjid)'가 영어로 변형된 '모스크'.
사실 별 거 없죠?
모스크

그나마 장식이라면 모스크의 벽을 장식하는 기하학적 문양인 아라베스크(arabesque)가 있지.
아라베스크는 그냥 '아라비아 풍(風)' 이라는 뜻이야.
별거 없네?

세계 유일의 여섯 개의 첨탑을 가진 터키 이스탄불의 '블루 모스크'의 모습을 보면 이슬람 문명의 특징을 한눈에 볼 수 있어. 술탄 아흐메트가 17세기부터 지은 이 모스크에는 99가지의 푸른 타일이 사용되어 블루 모스크라는 이름을 얻었다고 해.

이슬람은 유럽 일부 지역에도 전파되었는데, 이를 확인할 수 있는 이베리아반도 속 스페인의 알람브라궁전을 볼까? 모스크의 모습과는 조금 다를지 모르지만 이 안에 천장과 벽면, 기둥에는 다양한 아라베스크 무늬들로 꽉 차 있다고 해.

이런 종교적 영향은 자연 과학의 발전으로 연결되는데,

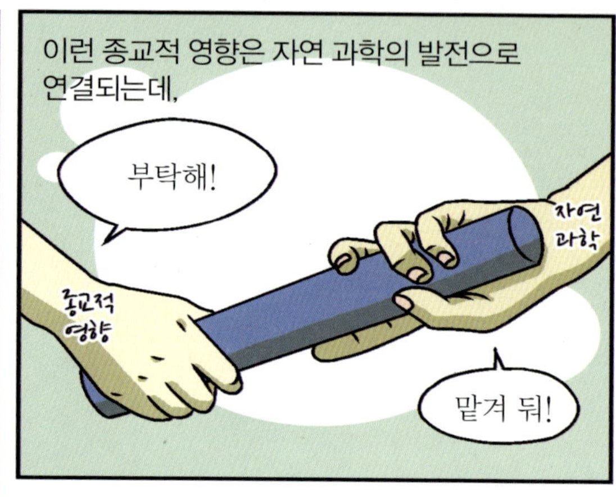

특히 로마 붕괴 후 중세 유럽의 영토가 축소되고 신학이 정점인 사회였기에

역설적이게도 페르시아와 이집트 등을 점령한 이슬람은

고대 그리스와 이집트에 퍼져 있던 자연 과학 지식을 흡수하고 보존해 줬어.

알렉산더대왕의 스승이었던 아리스토텔레스의 학문,

이데아를 설파한 플라톤의 학문 등을 비롯해

'유레카!'를 외쳤던 아르키메데스의 수학과

프톨레마이오스의 천동설 등 지구과학까지,

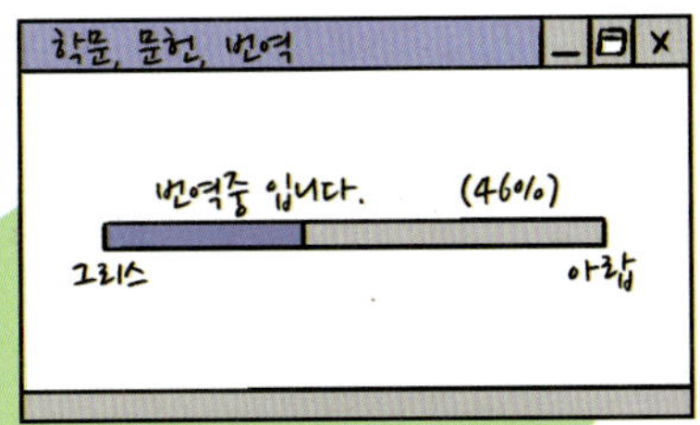

수많은 고대 그리스의 학문과 문헌들이 아랍어로 번역됐지.

아말감(amalgam): 수은과 다른 금속과의 합금.

돼지고기 속의 여러 기생충들이 인간의 몸에 해롭기 때문에,

그렇지만 정답은 하나, 그들의 알라신이 금지했기 때문이야.

그만큼 이슬람인들은 쿠란의 말씀대로 살려고 하고,

더 나아가 알라의 이름이 아닌 다른 이름으로 죽인 동물의 고기는 금지시켜 놓았어.

아참, 바다에 사는 동물은 쿠란에서 모두 허용해서 무엇이든 먹는다고 해.

아랍어 '카와(qahwa)'에서 유래한 커피는

광고에도 나오다시피 원산지가 아프리카의 에티오피아야.
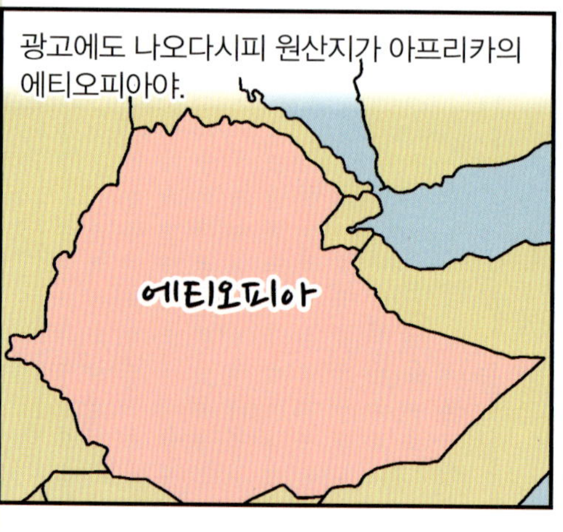

하지만 커피를 차로 마신 건 15세기 예멘의 한 이슬람 수도사였어.

그는 에티오피아를 여행하던 중 원주민들이 커피를 마시고 원기를 회복하는 모습을 보고,
호랑이 기운이 솟아나요!!
벌컥 벌컥
크아!!

예멘으로 돌아와 이 커피를 퍼트렸어.
이거 한번 잡숴 봐 호랑이 기운이 솟아나
웅성 웅성

수도사이니만큼 그는 설교나 명상 시간에 졸지 않으려고 커피를 마신 거야.
아우, 졸려….
비몽
사몽

우리가 흔히 '모카커피'라고 부르는 것도 커피 상표명이나 특정 커피 종류를 말하는 것이 아니라,
모카커피
상표가 아니라고?
COFFEE

예멘의 커피 수출 항구 이름이지.
모카 항

커피는 16세기부터 이슬람 성지 순례자들에게 불티나게 팔리기 시작해,
커피 있습니다~!
와 아~

이집트, 터키 등 이슬람 세계 곳곳으로 퍼져 나갔어.
누구?
멀리서 왔는데, 커피 좀….
이집트
터키

이슬람은 음주를 금하기 때문에 술을 대신할 음료로 커피가 제격이었지.
아~ 취한다….
이슬람
……

서양도 처음에는 이슬람의 문화였던 커피를 냉대했지만,
아우, 써!

오스만튀르크와의 전쟁을 통해 비엔나에 커피가 전해지면서
누구세요?
커피요!
비엔나

이른바 '비엔나커피'가 등장하며 유럽 최초의 커피점이 문을 열게 돼.
비엔나
coffee
OPEN

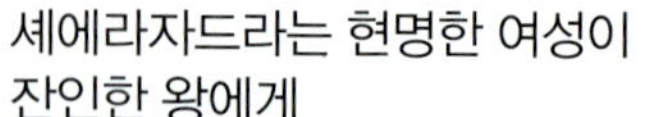

매일 밤 새로운 이야기를 들려주어
자신의 목숨을 이어 갔고,

결국 천하루 밤이 지난 후 완전히
목숨을 건지게 됐는데,

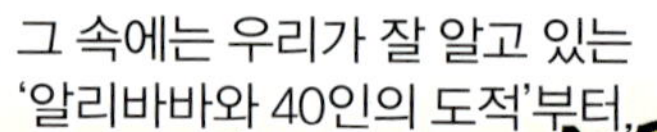

오늘날 말레이시아나 세계 최대 이슬람 국가가 된
인도네시아의 국가 형성에
큰 기여를 했지.

모로코 출신의 이븐바투타는

이븐바투타(1304년~1368년경)

28년 동안 온 세상을 여행하여
여행기를 남겼는데,

그가 여행했던 거리는 120,000km를
넘었다고 해.

그가 다녀온 곳은 북아프리카
모로코에서부터

메카를 포함한 아라비아반도의
서아시아와 중앙아시아,

인도와 동남아시아, 중국, 이베리아반도의
스페인까지 3대륙을 아우르고 있어.

그의 여행기는 14세기 전반 유라시아
민족과 사회를 연구하는 기초 자료로
활용될 정도야.

사실 이 여행이 가능했던 이유는
이미 이 시기에 이슬람의 대상인들이
세계 곳곳에 퍼져 있어서,

'알라신 밑에 모든 이는 형제'라는
사상으로 여행가들을 기꺼이
도와준 거지.

심지어 이 이슬람 상인과 여행가들은 우리나라에도 왔던 것 같아.
여기가 한국인가?!
?

『삼국유사』에 나오는 동해 용왕의 아들로 신라에 온 처용은

〈처용가〉를 부른 것으로도 유명한데,
東京 불기 드라로
밤 드리 노니다가
드러아 자리 보곤
가로리 네히러라.

통일신라 때 배를 타고 울산항에 온 이슬람 상인으로 여겨지지.
인도네시아에서 온 처용입니다.

또 『고려사』를 보면 '대식국에서 100명이 와 왕을 만난 후 특산품을 바치니, 왕이 그들을 극진하게 대접했다.'는 기록이 있는데,
고려사

'대식국'은 아라비아를 말하는 거야.
대식국
=
아라비아
지잉
호오~

거꾸로 고려의 이름이 세계에 알려져 '꼬레아'라고 알려지게 됐지.
오~ 필승 꼬레아~

조선 시대에는 독특하게 쿠란을 낭송한 모습이 등장하기도 해.
뭐라고?!

그것도 조선 최고의 왕인 세종대왕 시절,

'왕께서 정초 경복궁에서 좌우로 문무백관이 도열한 가운데 이슬람 원로가 낭송하는 쿠란 소리에 빠져 계시더라.'라는 구절이 『조선왕조실록』에 나오지.
정말이네?!
속고만 살았나?

음력 정월 초하룻날과 같은 명절 등에 이슬람식 축송이랄까? 쿠란을 통해 왕의 만수무강을 빌었다는 거야.

그뿐만 아니라 조선의 역법도 원나라를 통해 들어온 이슬람의 역법에서 많은 영향을 받기도 했지.
사부님.
오냐.
조선
원
이슬람

이렇게 이슬람은 우리와 여러 경로로 관련을 맺고 있어.
이슬람

현재 서울 용산에 있는 모스크는 1970년대 문을 연 한국 최초의 이슬람 사원이야.
한국에도 이슬람 사원이 있구나.

이슬람은 유럽에서도 두 번째로 규모가 큰 종교이며,
아쉽다!!
1위!!
이슬람

기독교 국가인 미국에도 매우 많은 무슬림들이 있어.
?
?
?
?

나비처럼 날아서 벌처럼 쏜다는 전설의 권투선수 무하마드 알리도 무슬림이지.

오늘날 세계의 4분의 1을 차지할 정도의 세계 최대 단일 문명권을 형성한 이슬람.

그들을 이해하지 못한다면 세계를 이해하지 못하는 것과도 같은 거야.
잘 알겠냐?
이슬람

그들의 문화는 곳곳에 퍼져 있기 때문이지.

이슬람인들이 외국인과 처음 만나면

'인샬라!'라고 인사하지.
인샬라~.
헤… 헬로우.

이 말은 '신이 원하신다면'이라는 뜻인데,

알라가 원한다면 무엇이든 꼭 이뤄 줄 것이라는 거야.
뭐, 내가 싫으면 그만이고….
알라
뭣?!

따라서 너와 나의 만남과 헤어짐과 수많은 약속도 '인샬라'라면 언젠가는 이뤄진다는 것이지.
인샬라
인샬라
인샬라
인샬라
인샬라
인샬라

원래는 이슬람에 반감을 가진 이들이
이슬람
뒤통수가 간지럽네
반 이슬람
아우~ 저걸

이슬람을 창시한 예언자 무함마드에게 계속해서 어려운 문제를 던졌다고 해.
어려운 문제
꽤 어려운 문제
굉장히 어려운 문제
더 어려운 문제
진짜 어려운 문제
반 이슬람
뭐야 이게

인간 영혼의 본질은 무엇이냐?
뭐?
인간은 언제 태어나고 언제 죽는 것이냐?
너네들 뭐야?
이런 질문에 즉답을 하지 못한 무함마드가 곤경에 처했는데,
왜 말을 못하냐?! 대답해라!!
릴랙스 릴랙스

삼 일째 되는 날 천사 가브리엘이 나타나,
고민이 많구나.
?
누구?
가브리엘이라고

'인샬라'라는 해답을 알려 주었대.
인샬라~.
…
…

이 세상의 알 수 없는 일들과 운명은
웃지 마!
빨리 말해라!

그건 내가 알 수 있는 게 아니라 오직 알라만이 아시는 거거든요.
나는 모르쇠~

이는 혹여 이슬람 사람들이 매우 무책임하다고 여겨질지도 몰라.
그게 뭐야….
아, 뭐… 그게….

하지만 이것은 오히려 불확실한 내일이라도
내일 비가 오려나?

희망대로 성취되기를 바라는 적극적인 의지의 표현이자,
비야, 내리지 마.
비야, 오지 마라.
뭐하냐?
내리지 마.
오지 마.
오지 마.

상대방을 포용하고 함께 살아가려는 의지이기도 해.
이슬람

전쟁과 정복, 아니면 테러와 시위로만 얼룩진 이슬람이라는 부정적인 고정관념을 버리고,
에잇!
이슬람
고정관념
뻥!

지구촌에서 더불어 살아가는 상대방을 인정하고 그들 이슬람 문명을 이해할 때 우리의 미래도 좀 더 밝아지지 않을까?
인샬라~.
인샬라.

매직 카펫, 이슬람 문명의 또 다른 키워드

'털을 빗질하다'라는 의미를 가진 라틴어 카르피타(Carpita)에서 유래한 카펫 (Carpet)을 떠올리면 알라딘과 신드바드가 타고 하늘을 날았던 매직 카펫의 이미지가 먼저 생각나지만, 사실 카펫은 이슬람교도가 하루 5회 기도할 때마다 사용하는 도구로, 이슬람인들과 가장 가까운 물건이에요.

사실 카펫은 이슬람 문명 이전, 즉 무려 기원전 6세기부터 사용된 것으로 알려져 있어요. 물론 그 시작은 종교와 무관했고 사치품으로 쓰인 건 더더욱 아니었어요. 원래는 유목민들의 필수품이었죠. 사막의 모래 바람과 큰 일교차를 견뎌내며 잦은 이동을 해야 하는 유목민들에게 양모로 만든 카펫은 이를 견뎌 낼 수 있는 생활의 지혜였어요. 그래서 페르시아에서 카펫은 '펼치다' 혹은 '깔다'라는 의미가 있죠.

카펫은 7세기 동로마제국 황제가 사산조 페르시아를 정복하면서 유럽에 소개되었고, 동시대에 아랍인들이 사산조 페르시아를 정복하면서 이때 페르시안 카펫이 이슬람 문화와 만나게 되었어요. 이때부터 요즘까지 성지 메카를 향해 카펫을 깔고 그 위에 앉아서 기도하는 무슬림을 흔히 볼 수 있게 되었죠. 이슬람교도들이 사용하는 카펫에 새겨진 기하학적 무늬와 초승달 등은 모두 이슬람의 교리를 반영하고 있는데, 매듭 모양의 기하학적 무늬는 지혜와 영원함을 뜻하고 초승달은 샛별과 함께 '진리의 시작'을 의미한다고 해

카펫(융단)은 양털 등을 표면에 보풀이 인 것 같이 짠 두꺼운 직물.

요. 무함마드가 최초의 계시를 받을 때 하늘에 초승달과 샛별이 함께 떠 있었다고 전해지는데 그때 알라의 진리가 내려졌다는 것이죠.

이 이슬람 문명을 대표하는 카펫 중에서도 가장 명물은 이란 장인들의 숨결이 짙게 배어 있는 페르시안 카펫이에요. 이란의 고원 지대에서 생산되는 부드럽고 광택이 있는 양모를 말려 직접 손끝으로 꼬아 실로 직조한 것이 바로 페르시안 카펫인데, 이 카펫은 몽골의 지배에서 독립한 사파비 왕조 시절 황금기를 이뤘어요. 한편 최고의 카펫은 실크로 된 카펫으로 섬세한 디자인과 신비로운 느낌을 풍겨 성지나 궁전 장식으로 쓰였다고 해요.

아라베스크 무늬부터 다양한 꽃 무늬까지 담고 있는 이슬람의 카펫은 유일신 알라에 대한 찬미와 왕의 권위를 상징하는 정치적인 의미를 담고 있기도 한 물건이랍니다.

카펫을 비롯한 다양한 물품들을 판매하는 바자(Bazaar).

6장 종교의 용광로 속에서 꽃피운 인도 문명

어쩌면 인도는 이렇게 고대와 현대 문명이 동시에 존재하는 나라인지도 몰라.
우와~.
인도

세계에서 일곱 번째로 크고 우리나라 면적의 15배가 되는 땅에

중국 다음으로 많은 10억 명 이상이 살고 있으며,
좀 하는데?
헤헤.
1
2

인종과 언어도 다양해서 그들이 만들어 낸 문명을 딱히 하나로 설명하기는 힘들어.
줄 좀 서세요!!
인도

다만 인도 문명의 특징도 앞서 본 다른 문명처럼 종교가 핵심인데,

하나의 종교가 아니라 힌두교부터 불교, 자이나교, 시크교, 이슬람교, 심지어 기독교까지,
뭐가 이렇게 많아?!
우글
우글
힌두교
불교
자이나교
시크교
이슬람교
기독교

다양한 종교와 그 속에서 등장한 문명들이 공존하고 있어.
공존하는 거 맞아?
죽을래?
뭐?
얼마 있냐?
그... 글쎄?!

인도 문명을 이해하는 열쇠는 '브라만교'야.
브라만교
지-잉

브라만교를 알아야 인도의 차별적 신분 제도인 '카스트'와 불교, 자이나교, 힌두교 등을 이해할 수 있지.
알겠나?
브라만교
재수 없어!!

더 나아가 소를 숭배하는 그들의 관습까지도 말야.
오오오~
브라만교
?

자, 인도 문명 이후 등장한 아리아 족이 그들의 종교적 찬가였던 『베다』를 통해 발전시킨 브라만교와 힌두교로 들어가 보자.
가자!
레츠 고!!
힌두교

인도에서 23주간 1위를 한 당시 최고 인기를 끈 영화로, 주제는 인도판 '왕자와 거지'인데 인도 남부 대지주 집안의 시종인 '무뚜'가 주인공이야.
하하
무뚜
23주면 며칠이지?

1995년 제작된 인도 영화 〈춤추는 무뚜〉라는 작품이 있어.
RAJNI

그는 정의롭고 유쾌하며 힘도 세서 어려운 처지의 사람들을 도와주고 악당들을 쫓아내지.
특히 그 스스로도 낮은 신분이지만 인도의 차별적 신분제도인 카스트에서 하층민으로 구분되는 바이샤와 수드라를 늘 도와주었기에 그들에게는 영웅과도 같았지.
바이샤
수드라

그런데 그가 이 대지주 집안의 숨겨진 후계자라는 사실이 밝혀지면서
힘세고 의리 있고, 이젠 돈도 많네.
이놈의 매력
뭐라니…

영화는 재산을 가로채려는 이들과 얽히고설킨 사건이 전개되지.
네 재산을 내 놔라!
싫다.
줘!!
안돼.
주세요…
악당
됐거든?

지금까지도 사라지지 않고 존재하고 있어.

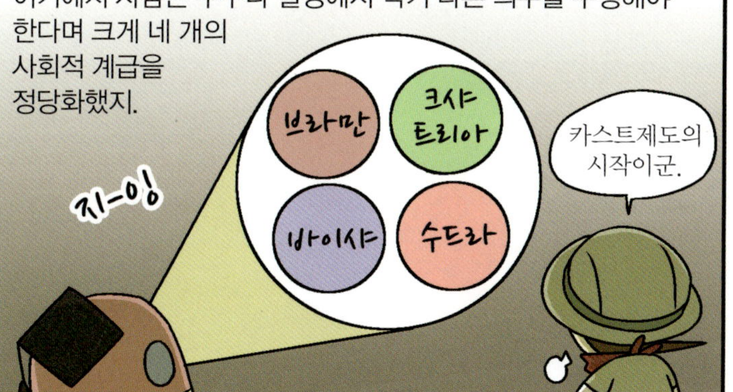

간디(Mohandas Karamchand Gandhi, 1869년~1948년)

신 앞에서 각기 다른 의무를 질 수밖에 없는 동등한 인간들, 그러나 그 다른 의무는 현실적으로 차별을 낳았지.
잘해라잉~.
……
브라만
크샤트리아
바이샤
수드라

더구나 카스트제도는 윤회 사상과 '카르마(karma)'로 불리는 '업' 설로 정당화되었는데,
윤회사상
카르마
지잉-
음….

착한 일을 한 사람은 다음 세상에 더 고귀한 계급으로,
전생
수드라
브라만
현생

악한 일을 한 사람은 비천한 계급으로 태어난다는 거야.
브라만
브라만
수드라
이리 와 이리 와
이럴 수가

카스트의 이상과 현실은 이렇게 모순적으로 합리화되었어.
팔 똑바로 안 드냐?
제길….
브라만
수드라

그런데 고대 인도의 철학서이자, 독일 철학자 쇼펜하우어가 세상에서 가장 가치 있는 책이라고 말한

인도의 『우파니샤드』, 즉 '신비한 가르침'이라는 뜻을 지닌 책에서는
우파니샤드

누구든 『베다』의 가르침으로 브라만이 될 수 있다고 했어.
너도 될 수 있대.
정말요?
수드라

카스트제도를 부정하는 걸까? 헷갈리기도 하는데….
흠…

이 철학서에는 이 세상 모든 것에 담겨 있는 근본적인 본질을 깨달을 것을 요구하는데, 매우 어렵지만 더 나아가면 우주의 본질이 곧 자기 자신이라는 거야.
내가 우주고
우주가 곧 내 자신이로다.
더위 먹었냐?

하나의 꽃 속에 우주의 원리와 본질이 담겨 있다고나 할까?

이를 좀 더 쉽게 알려준 이가 바로 '진리를 깨달은 자'라는 뜻의 '부처', 즉 석가모니야.

브라만교가 엄격해지고 카스트제도가 더욱 사회 계급을 차별화시킬 때,
브라만
으하하하
수드라
수드라
수드라
수드라

지금의 네팔에서 태어난 싯다르타라는 왕자가 나름 브라만교의 교리에 따라 수행을 하고 있었지만 아무런 깨달음도 얻지 못했지.
틀렸어. 아무런 깨달음도 없어….
침울~

그는 브라만교에 반대하며 독자적으로 사색에 들어가,
왜 그러지?
나의 길을 가련다.
브라만교

35세에 보리수 아래에서 드디어 깨달음을 얻었지.
헙!!

그 핵심은 브라만교의 윤회와 업 설을 거부하고 누구나 깨달음을 얻을 수 있다는 거야.
누구든지 가능해!!

따라서 카스트제도와 같은 차별적인 계급은 있을 수가 없고,
저리 가!
퍼억!!
스트
카

모든 이가 깨달음을 얻을 수 있는 평등한 존재라는 거지.
깨달음은 누구든지 가능해요.
수드라
수드라
수드라
수드라

우리는 흔히 윤회나 업이라고 하면 불교라고 생각하지.
우리 엄마가 절에서 하던 말인데…

특히 알렉산더의 동방원정으로 인해,

원래 부처는 죽으면서 자신을 우상숭배하지 말고 자신처럼 윤회를 끊고 해탈, 즉 깨달음을 얻을 것을 강조했어.

따라서 부처의 제자들도 초기에는 특정한 건축물이나 미술품을 만들지 않고

통일신라의 석굴암 한가운데에 앉아 있는 본존불인
아미타여래상을 보면
금방 이해할 거야.

그런데 불교는 8세기 이후 힌두교로 흡수되면서
그 영향력이 급속히 사라지고,
불교
힌두교

현재는 오히려 인도를 제외한 아시아에서
꽃피게 되었어.
아니?
와아아~!
인도
깜짝!!
아시아

그나마 인도에서 대표적 불교 사원을 꼽으라고 한다면
굽타 시대의 아잔타 석굴 사원이 있지.

부처가 태어났던 네팔의 룸비니는 오늘날 성지로
자리 잡았는데 이곳에 우리 한국의
사찰이 있을 정도야.

사실 위에서 보듯 부처와 불교의 많은 내용은
브라만에서 따온 것이기도 해서 쉽게 힌두교로
흡수되었던 것
같아.
우리는 친구!!
브라만교
불교

심지어 힌두교에서는 부처도 자신들의 최고신인 비슈누 신의
아홉 번째 변신한 모습일 뿐이라고 하지.
왜 저래?
출생의 비밀을
알았어.
……

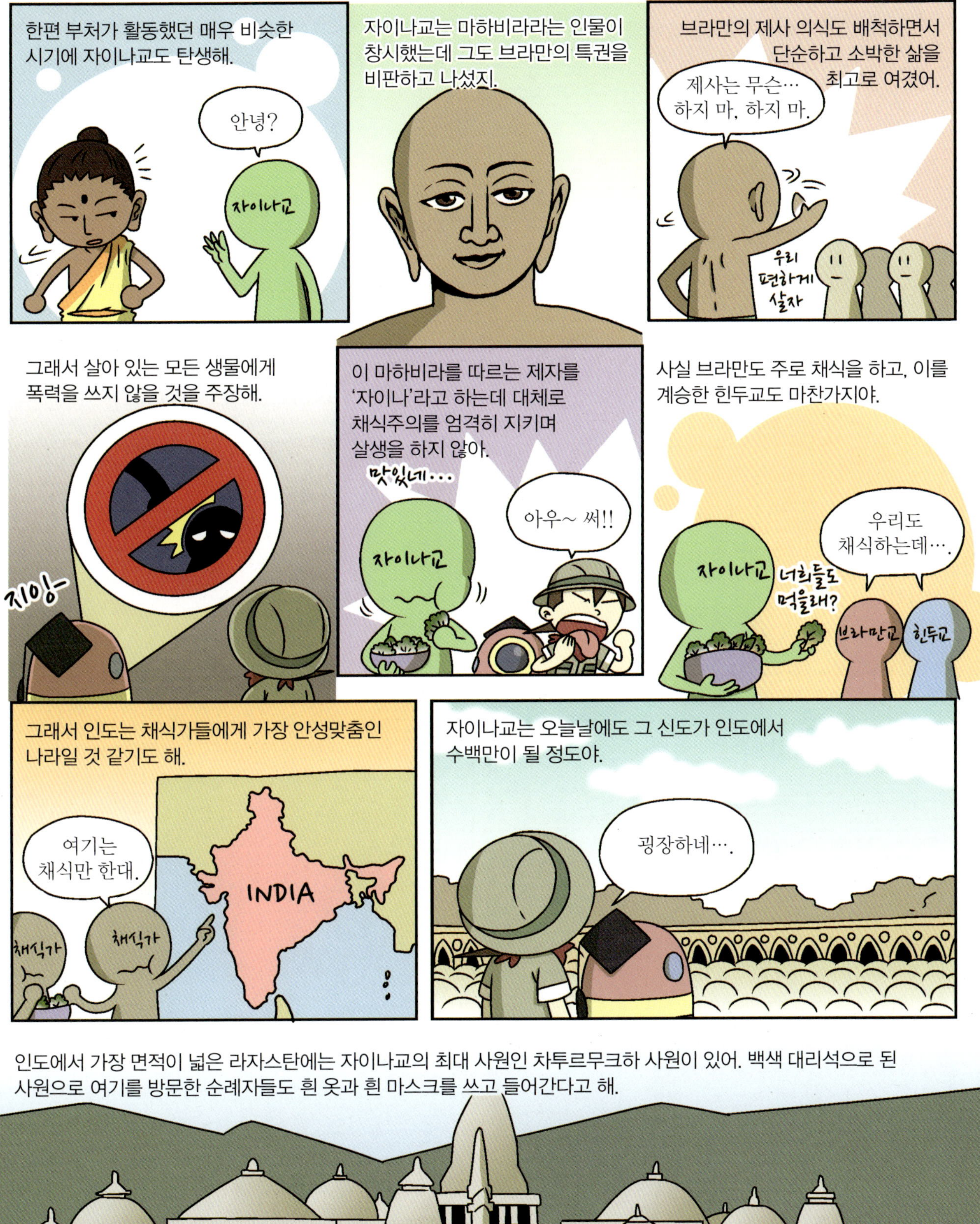

한편 부처가 활동했던 매우 비슷한 시기에 자이나교도 탄생해.
안녕?
자이나교
자이나교는 마하비라라는 인물이 창시했는데 그도 브라만의 특권을 비판하고 나섰지.
브라만의 제사 의식도 배척하면서 단순하고 소박한 삶을 최고로 여겼어.
제사는 무슨… 하지 마, 하지 마.
우리 편하게 살자
그래서 살아 있는 모든 생물에게 폭력을 쓰지 않을 것을 주장해.
지잉-
이 마하비라를 따르는 제자를 '자이나'라고 하는데 대체로 채식주의를 엄격히 지키며 살생을 하지 않아.
맛있네…
아우~ 써!!
자이나교
사실 브라만도 주로 채식을 하고, 이를 계승한 힌두교도 마찬가지야.
우리도 채식하는데….
자이나교
너희들도 먹을래?
브라만교
힌두교
그래서 인도는 채식가들에게 가장 안성맞춤인 나라일 것 같기도 해.
여기는 채식만 한대.
채식가
채식가
INDIA
자이나교는 오늘날에도 그 신도가 인도에서 수백만이 될 정도야.
굉장하네….
인도에서 가장 면적이 넓은 라자스탄에는 자이나교의 최대 사원인 차투르무크하 사원이 있어. 백색 대리석으로 된 사원으로 여기를 방문한 순례자들도 흰 옷과 흰 마스크를 쓰고 들어간다고 해.

왜냐하면 숨을 쉴 때 본인의 뜻과 상관없이 미생물이 몸속에 들어와 죽을 수 있으므로 자이나교에서 말하는 불살생에 어긋난다는 거야. 그래서 마스크를 쓰는 거지.

돌과 먼지에도 영혼이 있다고 여겼다는 거야.

그리고 그는 이를 바탕으로 불살생에서 더 나아가 '아힘사(Ahimsa)', 즉 '비폭력'을 실천했어.

아힘사의 개념은 불교와 자이나교 모두에서 공통적인 것인데 이는 간디에게로 전해지지.

힌두교였던 간디는 이를 바탕으로 비폭력 저항운동, 혹은 시민불복종이라 불리는 '사티아그라하'를 창시해.

간디는 단순한 저항이 아니라 악에 대한 보답을 악으로 하지 않고 사랑으로 해야 한다는

종교적 뿌리에서 출발해 영혼을 뒤흔드는 보편적인 해방 운동을 통해, 인류의 역사에 한 획을 그었어.

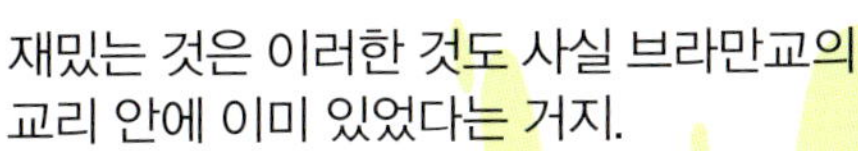

재밌는 것은 이러한 것도 사실 브라만교의 교리 안에 이미 있었다는 거지.
?
사실 그것도 내가 만든 거야.
브라만교

브라만교도 살생을 하지 않고 채식 위주이며 간디처럼 카스트를 인정하면서도 비폭력주의를 걷기도 해.
……
브라만교
뭐야, 쟤….
……
자이나교

어쩌면 불교, 자이나교, 힌두교 모두 인도라는 용광로 안에 녹아 있는 것인지도 몰라.
인도

한편 힌두교는 조금 독특하게 소를 숭배하지.
오오오~
힌두교

힌두교도들은 우유도 마시고 버터도 먹지만 쇠고기는 먹지 않아.
엉?
너 지금 뭘 먹는 거야?
힌두교
깩
깩

심지어 소가 제멋대로 돌아다녀도 차들이 소를 피할 정도야.
큰일 날 뻔 했네…
음메~.

왜냐하면 소가 힌두교의 최고신들과 늘 함께 있기 때문이라는 거야.
찰칵!!
음메~.
브라마
시바
비슈누

힌두교에는 세 명의 신이 삼위일체를 이루고 있는데,
브라마
비슈누
시바
지-잉

창조의 신 '브라마',

우주를 수호하는 신 '비슈누',

그리고 파괴를 일삼는 신인 '시바'가 있어.

인도에서는 소를 사면 먼저 다리를 씻겨 주는 의식을 거친 후 집안으로 데려간다는 거야.

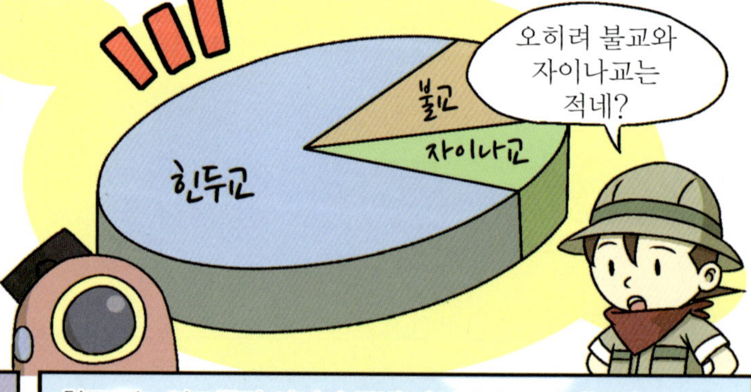

마을 곳곳에 힌두교 사원이 있을 정도지.

힌두교는 인도뿐만 아니라 주변 아시아에도 퍼졌는데, 캄보디아의 앙코르와트는 힌두교 최고신인 비슈누의 화신으로 여겨진 앙코르 왕을 모신 힌두교 신전이기도 해.

유네스코 세계문화유산 중에 하나인 함피의 로터스 마할이 있어. 돌로 만든 마차 모양으로
실제 코끼리가 끌면 굴러가게끔 만들었다는 이 건축물은
힌두교와 이슬람 건축 양식이 조화를 이루고 있지.
와아~.

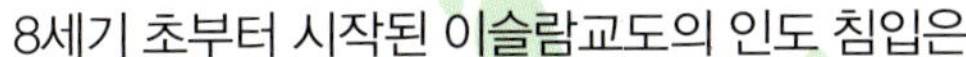

8세기 초부터 시작된 이슬람교도의 인도 침입은

누구세요?
아… 저, 저요?
힌두교
이슬람교

카스트제도의 하층민에게 환영을 받기도 해서,
우왓!
이슬람
I LOVE 이슬람!! 알라뷰 이슬람
환영!!
드라
수드라
수드라
수드라
수드

현재까지도 인도에는 많은 이슬람교도가 있으며,

때론 이슬람교도들이 힌두교와 불교 사원이나 신상을 파괴하기도 했지만,
에잇!

로터스 마할처럼 오히려 이슬람의 건축 양식이 덧붙여지는 경우도 있어.
음….

옛 마이소르왕국의 수도에 세워졌던 마하라자 궁전은 화강암으로 된 3층짜리 궁전으
로 이슬람 건축 양식의 핵심인 모스크가 두드러진 게 특징이지.

이슬람교가 인도를 지배했던 15세기에는 이슬람교와 힌두교 모두를 부정하는 시크교도 생겨나.
좀 떨어져 줄래?
시크교
이슬람
힌두교

시크교도들은 보통 무성한 수염과

죽을 때까지 머리를 자르지 않는 계율 때문에 계속 기른 머리카락을 감쌀 수 있는 터번으로 치장하는데,
꽁
꽁

이 시크교는 유일신을 믿으며 카스트제도와 우상 숭배를 거부했다고 해.
너희는 오지 마.
왜?
시크교
카스트 제도
우상 숭배

현재 인도에서도 시크교도는 2% 정도가 있어.
시크교
애개~.
지잉—

시크교의 성지인 암리차르의 골든 타워에서는

사원에 들어가기 위해 신발을 벗어 발을 씻고,

사원에서 나눠주는 두건으로 머리를 가려야 한다고 해.
……
뭔가 이상해…

이 황금사원은 실제 750kg의 엄청난 순금으로 덮여져 있다고 하지.
750kg?!

현재 인도의 수도인 뉴델리에서 204km 떨어져 있는 타지마할은 유네스코 지정 세계문화유산 중의 하나이며, 힌두교와 이슬람의 건축 양식에 르네상스 시대의 건축법도 가미된 세계적인 건축물이야.

총 인부 20만 명, 코끼리 1,000마리가 동원됐고,

건축사들도 유럽의 이탈리아, 프랑스, 터키부터 아시아의 이란, 중국에서까지 총출동했대.

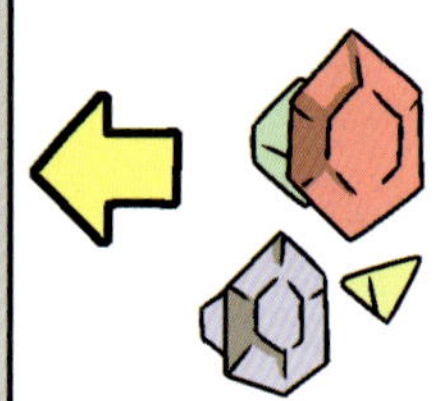
여기에 르네상스 시절 개발된 상감기법으로 대리석에 홈을 판 뒤, 다양한 색의 보석을 박아 넣었다는 거야.

멀리서 봤을 때 높이 솟아 있는 네 개의 첨탑은

본관을 중심으로 5도씩 바깥으로 벌어져 있어서,

정면에서 보면 탑이 안쪽으로 구부러지지 않고 반듯하게 보이게 했어. 또한 지진 시에도 안쪽으로 넘어지지 않도록 만들었지.

훗날 샤자한도 이 왕비의 무덤 옆에 묻혀 내세에서라도 함께 하게 됐지.

지금까지 우리는 다양한 종교를 바탕으로 위대한 정신문명과 함께 사원을 비롯한 각종 건축물을 남긴 인도 문명을 살펴보았어.

이 인도만의 독특한 종교적·정신적 문명은 20세기 영국의 식민 지배에도 저항할 수 있는 바탕이 됐고,

오늘날에도 인도가 강대국으로 발돋움할 수 있는 토대가 됐어.

인도의 정신적인 지혜는 현대에도 통하는 것 같아.
할리우드의 많은 배우들이 인도를 찾고 있고,
어서 와~.
안녕~.
인도
할리우드
거꾸로 인도 또한 IT 분야 등 첨단 산업에서 두각을 나타내는 것을 보면,
생각보다 쉽군.
인도
과거와 현대는 그렇게 다른 것만은 아닌 것 같지.
그리고 그 속에서 노래와 춤을 즐기는 인도인들이기에
이히~
닐리리~
연간 1,000여 편의 영화를 만들어 낼 만큼 영화 산업도 번성하고 있어.
1,000여 편?!
미국 할리우드와 영화 산업의 도시인 봄베이를 합쳐 '발리우드'라고 부르고,
할리우드
+
봄베이
=
발리우드
최근 영화 〈슬럼독 밀리어네어〉의 인도 배우들이 할리우드에 진출하기도 했어.
......~.
HOLLYWOOD
인도의 문명은 어쩌면 우리 인류의 문명을 응축해 놓은 것인지도 몰라.
......
ZIP
인류의 문명.ZIP
대규모로 고도화되고 조직화된 인도 문명에서부터 컴퓨터와 전자 기기를 수출하는 현재 인도의 모습까지, 그 속에서 우리는 인류의 미래를 살펴볼 수 있을 것 같아.
인도

인도 문명 속 카레와 요가

우리가 흔히 인도가 원조라고 알고 있는 요가와 카레는 정작 인도에는 없어요. 무슨 말인지 궁금하죠? 다이어트 체조 형태의 요가와 인스턴트 제품으로 나오는 노란색의 카레가 인도에 없다는 뜻이에요. 왜냐하면 두 가지 모두 진정한 의미를 상실했기 때문이죠.

먼저 요가에 대해 알아보면, 요가는 인도 산스크리트어의 '결합하다'라는 뜻의 유즈(yuj)에서 시작되었어요. 인간의 정신과 육체를 결합한 수양을 통해 우리 안의 욕망을 억제하고 깨끗이 정화하여 자아

인도 델리의 비르라 만디르 사원에 있는 요기(요가수행자) 조각상.

실현의 깨달음을 얻는 수련법이 바로 요가인데, 따라서 다이어트의 요가란 애초부터 있을 수 없는 것이죠. 이미 5,000년 이전 인더스 문명에서 존재하였다고 하고, 인도의 베다 경전과 마하바라타, 라마야나와 같은 산스크리트어로 된 대서사시에도 등장해요. 주로는 육체적 동작과 호흡법 그리고 마음의 통제와 명상을 통해 순수한 의식의 세계를 지향하는 것이 바로 요가랍니다.

한편, 카레는 남인도 타밀어로 '소스'라는 뜻의 카리(kari)에서 유래한 말로 노란색의 카레를 뜻하는 것이 아니라 다양한 향신료를 묶어 부르는 말이에요. 우리가 잘 아는 카레라이스는 일본에서 서양식 커리(curry)를 대중화시킨 요리일 뿐이죠.

열대기후의 인도에서는 땀을 흘려 상쾌함을 얻기 위해 후추와 고추, 생강, 겨자, 마늘, 육계, 계피 등의 매운맛의 향신료를 흔하게 사용했는데, 이러한 천연

향신 원료들을 혼합하여 건조시켜 분말로 만든 것이 바로 카레예요. 이런 카레는 인도인들에게 '향기롭고 맛있는 것 자체'를 뜻하는 힌두어 '투리카리'로 불렸고 인도를 식민 지배하였던 영국인들이 커리라는 영어로 바꾼 것이죠.

열대 지방에서 음식의 부패를 막으며 입맛을 돋우기 위한 향신료는 어쩌면 환경적인 영향으로 인한 당연한 결과물일 수 있어요. 인도를 지배하였던 영국은 처음에 이런 혼합 향신료의 향과 맛에 익숙하지 않아 고생하다가 자신들의 취향에 맞는 향신료만을 섞어 카레를 만들었죠. 이런 카레는 초기 영국 상류층이 누리는 이국적인 취향으로 알려지다 18세기 말 유럽 전역으로 퍼졌으며 제2차 세계대전을 거치며 전 세계로 보급되었어요.

인도는 넓은 면적에 인구와 종교가 다양해요. 그러니 요가와 카레는 인도를 대표하는 것 중에서 정말 일부분에 지나지 않는 특징이겠죠. 하지만 이런 문화의 일부분을 통해 우리는 그들의 삶과 함께 인도 문명을 조금이나마 이해하고 맛볼 수 있게 되는 것이에요.

강황 등 여러 향신료와 야채를 사용해 맛을 내는 카레(ⓒTerence Ong).

7장 중남미대륙의 아스테카, 마야, 잉카 문명

오늘날에는 멕시코 등 중앙아메리카 지역은 메소아메리카로,
그 아래는 남아메리카로 지칭하지.

이 지역은 1492년 콜럼버스의 자칭 '신대륙 발견'에 의해
인도다!!
인도 아니라니까!

매우 왜곡되고 가려진 진실이 많은데,
애들이 좀 무식하고 미개해.
소곤소곤
야, 너! 뭐라는 거야!

사실은 미개한 원시 사회가 아니라 뛰어난 건축과 천문학, 수학 등
마야
아스테카
잉카
지ー잉

당대 여타 문명에 뒤떨어지지 않는 찬란한 문명을 남긴 지역이야.
너네랑 조금 다를 뿐이야.
예예….
죄송

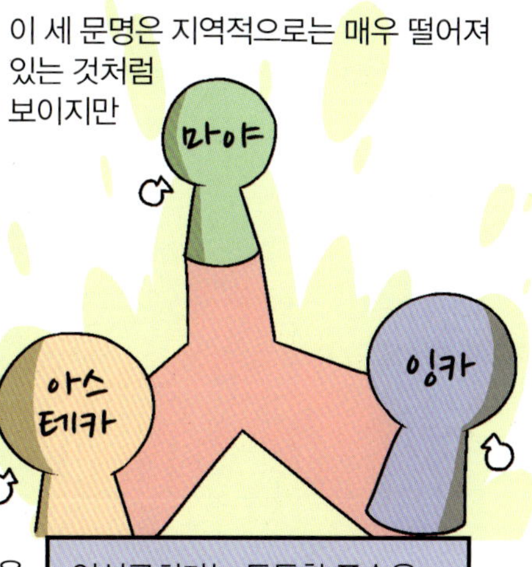

이 세 문명은 지역적으로는 매우 떨어져 있는 것처럼 보이지만
마야
아스테카
잉카

올멕(Olmec) 문명이라는 고대 문명의 영향력 아래
내 말을 들으라~
마야
잉카
아스테카

공통적으로 태양을 섬기며 자신들을 우주의 중심으로 여겼고,
오오~ 태양이시여!!

인신공희라는 독특한 풍습을 갖고 있었지.

볼리바르: 베네수엘라의 독립 혁명 지도자. 게바라: 아르헨티나 태생의 쿠바 혁명가.

이들은 기원전 6,000년경부터 농사를 시작했고, 기원전 4,000년 전후로는 옥수수를 재배했어.

이들은 기원전 1,500년경부터 기원후 300년 정도까지 멕시코 만 지방에서 올멕 문명을 형성하는데,

이들은 이집트의 피라미드처럼 가장자리에 현무암 기둥을 둘러 세운 계단식 피라미드를 만들며,

인간과 동물을 혼합한 신으로서 재규어 토템(totem)을 비롯해,

태양과 땅, 물 등을 신으로 섬기며 다양한 종교를 발전시킨 것으로 보여.

이들은 현무암으로 만든 거대한 인두(人頭)상을 남겼고,

토템: 미개 사회에서 신성하게 여기는 특정한 동식물이나 자연물.

옥돌을 깎아 여러 조각상과 보석을 제작하기도 했어.

농경과 종교의 영향으로 수학과 달력에 대한 관심도 높아 훗날 마야 문명과 아스테카 문명에 큰 영향을 주기도 했지.

14세기 중엽 '멕시카(Mexica)'로 불리는 한 부족이 현재 멕시코 중앙 고원 지역에 나타났어.

처음에는 부족의 힘이 약해 정착할 곳을 찾지 못하고 떠돌아다니다가,

그들의 부족신이 예언하기를,

물고기가 헤엄치는 곳 옆에 태양의 화신인 독수리가 선인장에 앉아 뱀을 먹는 곳에 정착하라고 했어.

그 말에 따라 멕시카 부족은 그곳에 '선인장의 땅'이라는 이름의 '테노치티틀란'이라는 도시를 만들고,

다른 부족을 통합해 '아스테카'로 불리는 제국을 건설하지. 고대 올멕 문명을 비롯, 멕시코 고원에서 발전했던 테오티우아칸 문명과 톨테카 문명까지.

그 모두를 이어받은 이 아스테카는

특히 세상을 비추는 태양 숭배와 우주진화론을 직접적으로 계승했어.

왜냐하면 멕시코 중앙 고원의 여러 부족을 정복하면서

자신들이 태양에 의해 선택된 '태양의 아들'임을 자처했기 때문이야.

따라서 그들은 이전 문명 도시였던 테오티우아칸이 가졌던 웅장한 태양의 피라미드와 달의 피라미드 등을 '신들의 길을 걷는 사람들의 도시'라고 경의를 표하며,

그런데 이 케찰코아틀루스 신앙은 기원후 9세기부터 12세기까지 톨테카인들이 받들어 아스테카인들에게 전해졌어.

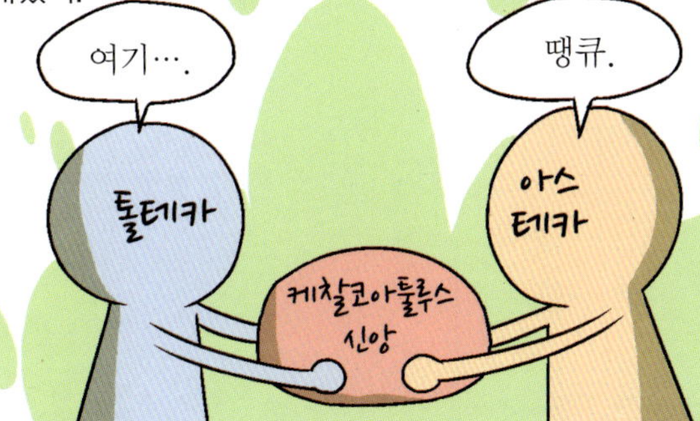

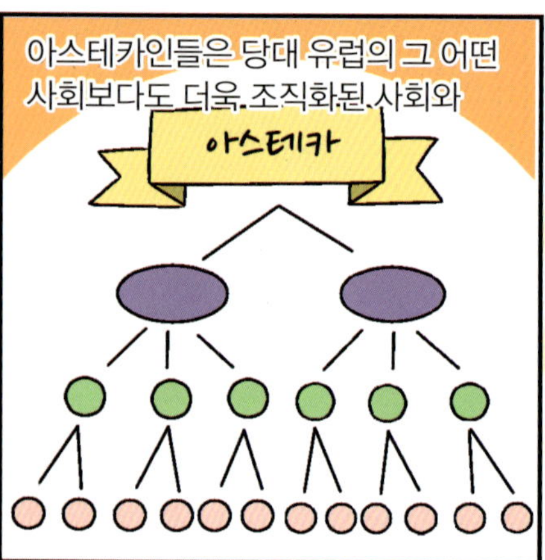

오늘날 우리 눈에 분명 야만으로 비쳐질 만한 인신공희 문화를 가지고 있었지.

왜냐하면 그들은 태양 중심인 우주가 늘 고정되어 있거나 불변인 게 아니라,

오히려 멸망과 부활을 반복하는 불안정한 세계라고 생각했어.

특히 아스테카인들이 계승한 톨테카 문명에 따르면 이미 세상은 네 번이나 멸망했고,

그들이 사는 현재 다섯 번째 태양의 시대에 살고 있지만, 이도 언젠가는 멸망할 거라는 거야.

제1의 태양은 대지의 시대로 거인들이 살고 있었는데 재규어에게 잡아 먹혔고,
크앙!

제2의 태양은 사나운 바람에 의해 날아갔고,
안돼!
우와~.

제3의 태양은 비처럼 내리는 화산의 용암 때문에 멸망했고,
우산이 안 통해~.

제4의 태양은 대홍수로 휩쓸려가 사람들은 물고기가 되었다는 거야.
촤아-

이제 제5의 태양은 지진에 의해 멸망하게 되는데,
ㄷㄷㄷㄷㄷㄷ!!

이를 막기 위해서는 맨 처음 우주와 인간을 탄생시킨 신이 자신의 몸을 헌신하여 세상을 만든 것처럼,
완벽해.
······
신
내가 이걸 만들다니
짝
짝

인간도 자신의 몸을 희생해서 피를 바쳐야 한다는 논리를 만들어 내게 되지.
우리도 우리 몸을 희생해서 태양께 피를 바쳐야 한다!

일부 인류학자들은 이에 대해 신화 속 상징적 의미를 곧이곧대로 믿은 아스테카인들이
흠….
음….
근데 누구세요?
아스 테카
뭐지 이 사람들
인류학

주변 지역을 무력으로 정복하고 팽창시키는 과정에서 산 사람을 제물로 바치기 위한 침략을 더욱 확대시켰다고도 해.
제물이 여기 있다!

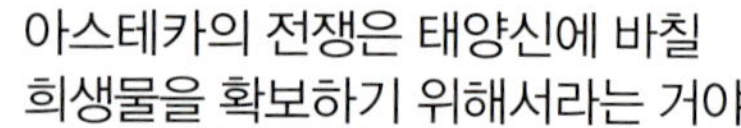

아스테카의 전쟁은 태양신에 바칠 희생물을 확보하기 위해서라는 거야.

현재 멕시코 유카탄반도 일대부터 과테말라, 온두라스, 엘살바도르까지 중부아메리카에서 가장 큰 영향력을 가졌던 마야 문명은,

기원전 50년부터 기원후 약 250년까지 고대 마야 문명이 발전하여
발전
0
250(년)

10세기경 전기 마야가 무너지고 그 후 후기 마야 문명이 생겼다가 16세기 종말을 고하게 되지.
-END-

마야 문명을 대표하는 건 팔랑케 유적인데,
멕시코 치아파스 주 정글 지대 한가운데 있는 이 마야 유적에는 이집트 문명과 비견될 만한 22m 높이의 신전에서부터 피라미드, 천문관측소, 미라까지 있어, 뛰어난 마야 문명을 한눈에 볼 수 있지.

마야 문명은 화전농법으로 옥수수를 경작하면서,

농지를 공유하고 성직자를 위한 식량 외에는 균등 분배하는 제도도 시행했어.

마야의 전설에는 신이 옥수수를 반죽해 인간을 만들었다고 해서,
정말 냄새가 나는 것 같기도 하고….
뭐하니?
쿵
쿵

태양 숭배와 함께 옥수수 경작을 위해서라도 천문 연구를 활발히 했어.

태양 궤도까지 정확하게 판독하는 달력을 만들어
네가 어딜 가도 이걸로 다 알 수 있어.
헉!!
마야
달력
태양

태양의 생성과 소멸, 그리고 지구의 운명을 알고자 했지.
이걸로 지구의 운명도 알 수 있겠지?
마야
달력

종교적이고 예언적인 달력은 일 년을 260일로 잡았는데

이것은 인간의 영혼이 머물고 있는 행성의 주기가 260일이기 때문이라고 해.

또 오늘날 우리처럼 태양을 도는 지구의 주기로 365일 달력을 만들었어.

여기서 한 달은 20일, 그리고 일 년은 18개월, 단 한 해의 마지막에 5일을 추가했어.

이 5일은 매우 불길한 날로 여겨 단식과 제물을 바치는 의식을 거행했다고 해.

위에서 말한 20진법과 함께 0의 개념도 이해하고 이를 최초로 사용한 문명이기도 해.

0	1	2	3	4
5	6	7	8	9
10	11	12	13	14
15	16	17	18	19

남아메리카 페루 쿠스코에 있는 산토도밍고 성당.

이곳은 1532년 스페인의 피사로가 오기 전까지,
영토 길이 5,000km, 1,200만 명의 신민을 거느린 남아메리카 최대 제국 잉카의 궁전터였어.
우리 왕궁 땅에 무슨 짓이야?!
어흠
잉카

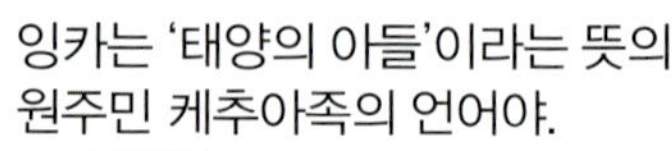

잉카는 '태양의 아들'이라는 뜻의 원주민 케추아족의 언어야.

잉카?

잉카제국을 이끈 이들은 이 말보다는
'타완틴수요'라는 말을 썼어.
잉카

'타완틴'은 숫자 4, '수요'는 방향을 뜻하는 말로,
타완틴
4
수요
사방을 아우르는 세상의 중심이라는 스스로에 대한 자부심이 묻어나는 나라 이름이지.
잉카
잘난척은…

안데스산맥의 고지대에 위치한 이른바 '배꼽'이라는 뜻의 잉카 수도 쿠스코에서부터

어둠과 죽음에서 벗어나 높은 수준의 문화를 향유했지.

이를 증명하듯 이 산토도밍고 성당 전의 건물이었던 코리칸차 궁전은 내부 벽면이 모두 금으로 치장되어 있었다고 해.

심지어 피사로 일행이 잉카를 몰락시킨 후

비록 태양신을 최고로 하는 신정(神政)사회이지만 정복지의 종교를 인정해 주고,
앞으로 여기는 잉카제국의 땅이다!!
잉카

세금 부과에서 가중치를 두었을 뿐 별다른 억압과 차별이 없었지.
세금이랑 서열 차이만 알고 있으면 뭐….
잉카
감사합니다.
독특하게도 서구의 침입 이전까지 말도 없고 수레도 없었지만,

안데스산맥의 산등선과 계곡을 따라 중앙과 지방을 연결하는 역참제도를 두고,
역참제가 뭐야?
일정한 거리마다 쉬거나 먹을 것을 먹는 곳을 두는 거야.

차스키라는 행정관을 파견하여 효율적인 중앙집권적 체제를 유지할 수 있었어.
관리 책임을 맡고 있는 차스키라고 합니다.
차스키
명함

토지제도도 매우 이상적인 균등 분배로
땅은 서로 똑같이 나누자.
잉카
네~

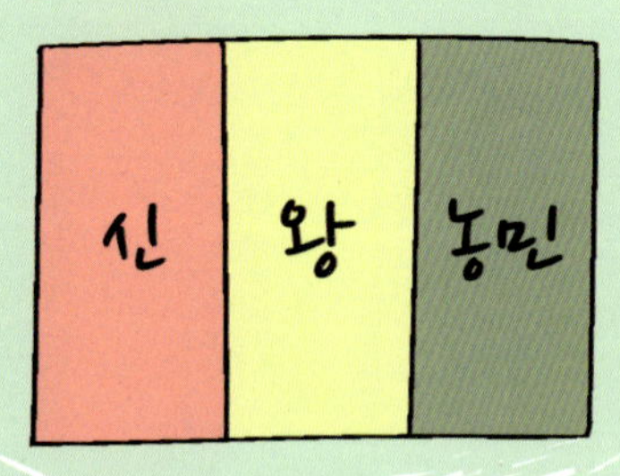

토지를 삼등분 해 신을 위한 땅, 왕을 위한 땅, 농민을 위한 땅으로 나눈 후,
신
왕
농민

일반 평민도 충분히 생계 걱정 없이 살 수 있도록 보장했어.
아우~ 배불러.
하하하하
잉카

단 도둑질과 거짓, 게으름은 공동체의 생존을 위협하는 중죄로 다루어졌지.
도둑질
거짓
게으름
흠….
지-잉

잉카 문명 중 눈에 띄는 것은 '키프(Quipu)'라는 매듭문자를 고안했다는 거야.
문자와 기록을 전혀 남겨 놓지 않은 잉카인들에 대해 서양인들은 매우 궁금해했는데,
문명에 대해 어서 말해!!
잉카
몰라

사실은 입에서 입으로 전하는
구전(口傳)과 함께

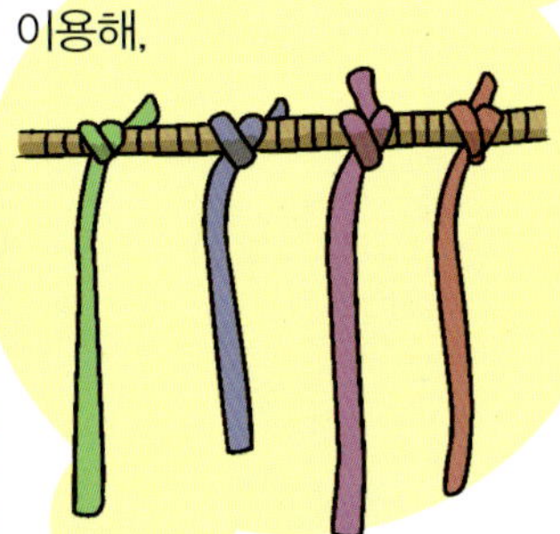
기억 보조수단으로 한 가닥
끈에 여러 가닥의 끈을
직각으로 매다는 키프를
이용해.

색깔이나 매듭의 숫자, 모양 등으로
인구수와 세금 총액 등을 계산했어!

또 기계를 전혀 사용하지 않고도 거대한 돌들을 정교하게 다듬어
사원 건축을 완성하기도 했지.

의학도 크게 발달해 코카 잎을 마취제로
활용했고,

해열제나 지사제로 사용할 수 있는 다양한
약초를 발견하기도 했어.

또한 태양신에게 바치는 인간의 피와 심장 때문인지 머리뼈 원형
절제술의 기술도 매우
뛰어났다고 해.

비록 스페인의 침략자들에 의해
잉카제국이 무너지지만,

멕시코 아스테카 문명보다는
상대적으로 토착민들이
살아남아

페루의 원주민 숫자는 지금도 매우 많아.
다만 대부분 가톨릭으로 개종했지.

이곳을 지키는 사람들은 일명 '태양의 처녀'라고 하는 여사제들이야.

이들은 특별하게 뽑힌 여자들로, 결혼을 포기하고 평생 태양신을 위해 봉사하지.

때론 태양신의 활력을 위해 제물로 바쳐지기도 했다지만,

대부분은 라마의 털을 직조하는 일을 하면서 제사를 지내는 일을 했고,

스페인 침략 이후에는 가톨릭의 수녀로 개종해 여전히 남아 있다고 해.

서구의 침략으로 거대한 제국은 무너졌지만

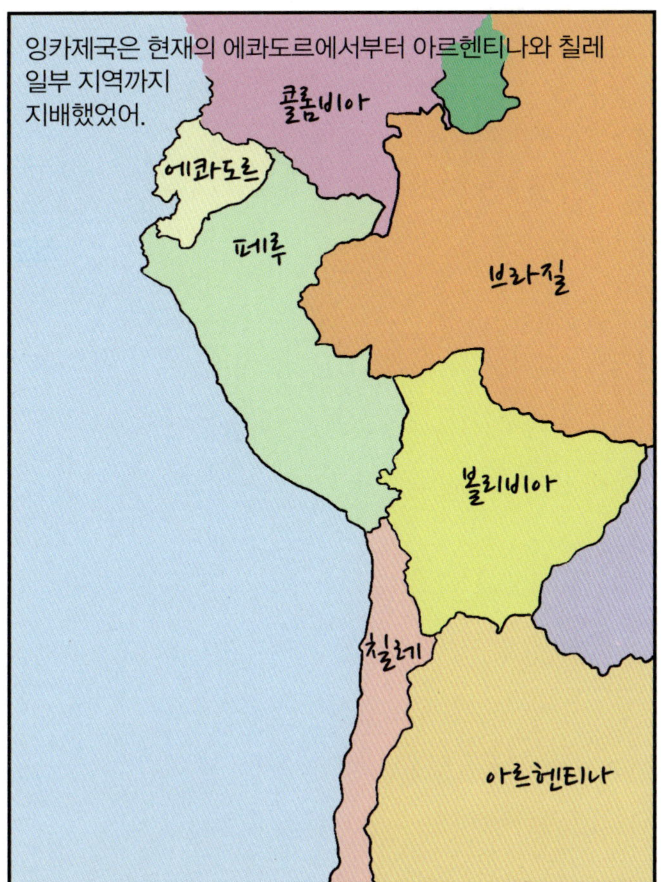
잉카제국은 현재의 에콰도르에서부터 아르헨티나와 칠레 일부 지역까지 지배했었어.
콜롬비아
에콰도르
페루
브라질
볼리비아
칠레
아르헨티나

오늘날 잉카의 신비를 모두 다 캐낸 것은 아니고,
까도 까도 끝이 없어!
나란 문명 양파 같은 문명.
잉카

여전히 인류의 위대한 문명 중 하나로 남아 있을 거야.
하하하!
잉카

이렇게 중남미 문명은 우리에게는 좀 낯설 수 있지만,
어~색
중남미 문명

종교를 바탕으로 뛰어난 문명을 이룩했음을 알 수 있어.
중남미
뭐, 사람을 제물로 바치긴 했지만….

비록 서양에 의해 그 문명이 송두리째 날아갔지만 오늘날까지 이어지는 그들 문명의 특징을 이해하면 현재도 남아 있는 대규모 피라미드와 신전, 대도시의 유적을 조금이나마 이해할 수 있을 거야.

안데스의 감자, 유럽에 '악마의 선물'로 전파되다

옥수수와 함께 중남미 최고의 먹을거리인 감자는 안데스 산지의 적당한 강수량과 낮은 온도에서 자라기 적합하기 때문에 이미 기원전 5,000년경부터 원주민에 의해 재배되었어요. 특히 먹을거리가 없던 고산지대에 거주하던 원주민들에게 감자는 말 그대로 자연의 선물이었어요.

이 감자가 유럽에 전해진 계기는 피사로의 정복 때문이었어요. 그런데 유럽에서 감자는 처음에 매우 홀대받았어요. 왜냐하면 우선 성서에 등장하지 않는 작물이었으며 뿌리에 매달려 있는 감자의 모습이 유럽인들에게는 낯설고 흉해보였기 때문이에요. 그래서 유럽 사람들은 감자를 '악마의 선물'이라고 부르며 주로 말 사료로 사용했죠. 그러나 쉽게 굽거나 삶아서 먹을 수 있고 소화가 잘되며 단백질에서 비타민까지 영양분이 많다는 것이 알려지면서 18세기 이후 감자의 인기는 급상승했어요.

세계에서 네 번째로 많이 생산되는 곡물인 감자.

더군다나 기근을 면할 수 있는 작물로 각광받게 되면서 감자는 널리 보급되었어요. 특히 프랑스 혁명 직후 수립된 혁명 정부는 감자를 전국적으로 퍼트렸고, 감자는 심지어 유럽의 인구 증가에도 한몫했어요. 같은 크기의 땅에 밀을 재배하면 한 사람을 먹일 수 있는데 감자를 재배하면 두 사람을 먹일 수 있었기 때문에 감자는 곧 유럽 식탁에 일상적인 음식이 되었죠.

그러나 이런 장점이 오히려 19세기 아일랜드에서는 재앙으로 뒤바뀐 적도 있었어요. 당시 아일랜드는 경제적으로 무척 가난했기 때문에 주 식량원으로 감자에 크게 의존했죠. 재배와 보존, 요리까지 손쉬운 감자의 편의성 덕분에 감자

에 대한 의존도는 무척 높아진 상태였어요. 그런데 19세기 중반 '감자 마름병'이 아일랜드에 급속도로 퍼져 재앙을 몰고 왔죠. 이 병으로 인해 감자를 먹을 수 없게 된 아일랜드에는 엄청난 기근이 발생하여 240만 명 정도, 즉 아일랜드 인구의 1/3에 해당하는 아사자가 속출하는 결과가 나타났어요. 이로 인해 아일랜드인 중 다수가 생존을 위해 새로운 약속의 땅 미국으로 이민을 가는 역사적 사건도 벌어지게 되었죠. 아일랜드 이주민과 함께 감자는 자연스럽게 북아메리카 대륙에도 전파되었답니다.

한편, 아시아에는 16세기에 전해졌으며 우리나라에는 19세기 초에 들어온 것으로 알려져 있어요. 현재 감자는 밀, 쌀, 옥수수와 함께 세계 4대 작물 중 하나로 자리 잡았답니다.

아일랜드 더블린에 있는 대기근 조각상.

8장 유교·불교·도교로 대표되는 동아시아 문명

동아시아 한중일 모두 젓가락을 쓰지만 중국은 주로 튀김, 한국은 나물과 콩, 일본은 생선을 집는 데 쓰지.
나라별로 쓰임이 다르네?
난 튀김.
난 나물.
난 생선.
중국
한국
일본

이렇게 같은 듯 다른 세 나라의 특성은 식칼에서도 나타나는데,
식칼?
지-잉

중국은 질긴 돼지비계를 자르기에 알맞은 도끼 같은 칼을,
넓적
넓적

일본은 펄펄 뛰는 생선을 빠르게 제압할 수 있는 면도날 같은 예리한 칼을 쓰지.
번쩍
번쩍

한국은 중국과 일본의 중간 형태랄까?

마치 자반고등어처럼 생긴 우리네 식칼은 돼지고기나 생선보다는 배추나 무를 썰 때 알맞은 형태라고 할 수 있어.
너희들은 필요 없지롱~.

이런 동아시아 삼국의 문화적 보편성과 독자성은 서구의 제국주의적 침략이 본격화되었던 19세기에도 비슷하게 나타나서,
보편성
독자성
흠….

세 나라 모두 일방적인 개항과 개화를 하게 되었어.
우리는 아편전쟁 때문에….
우리는 미국에 의한 강제 개항으로…. 한국 너는?
……
중국
일본
한국
크~

우리는 너네(강화도조약) 때문에….
……
중국
일본
한국
크~

그리고 이를 극복하여 현재 정치적, 경제적 대국으로 성장하는 모습도 매우 유사하게 나타나지.
자꾸 따라 할래?
웃기네!
누가 할 소릴!!
중국
일본
한국

공자(孔子, 기원전 551년~기원전 479년)

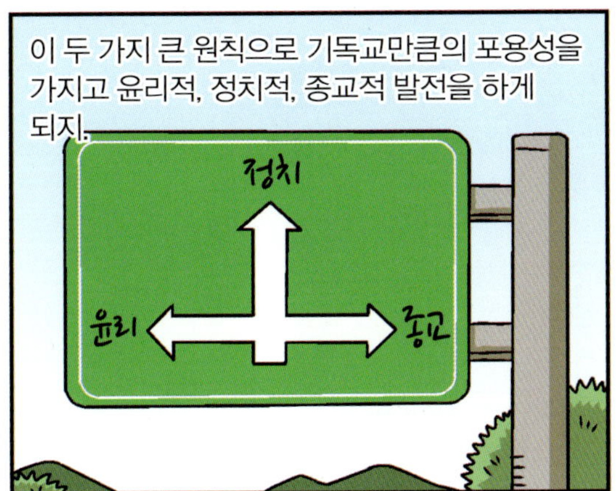

영락제(永樂帝, 1360년~1424년): 중국 명나라의 제3대 황제.

시경(詩經): 유학 오경(五經)의 하나.

주희(朱熹, 1130년~1200년): '주자'는 주희를 높인 말.

삼강오륜: 유교 도덕의 기본인 세 가지의 강령과 지켜야 할 다섯 가지의 도리.

인간도 우주의 근본 법칙을 따른다고 하여 성즉리, 성리학(性理學)이라고 해.

이황(李滉, 1501년~1570년)

사액서원: 임금이 이름을 지어서 새긴 편액을 내린 서원.

그 스스로도 도산서원(陶山書院)을 세워 이곳에서 한국 성리학을 더욱 발전시켰어.

왕이 스스로 성인군자로서 북극성처럼 밝게 조선을 비추기를 바랐지.

성학십도(聖學十圖): 조선 선조 1년(1568년)에 이황이 성학(聖學)의 개요를 그림으로 설명한 책.

퇴계의 성리학은 임진왜란을 거치며 일본으로 전해졌고,
성리학
일본
일본 유학의 주류가 되었는데,
내가 대세!
성리학
일본의 저명한 유학자는 매일 퇴계 이황의 초상화에 경배를 드렸다고 할 정도지.

우리는 '사(士)'를 '글 읽는 선비', 즉 유학자를 일컫는데 일본에서는 무사(사무라이)를 가리켜.
흠…
士
음…

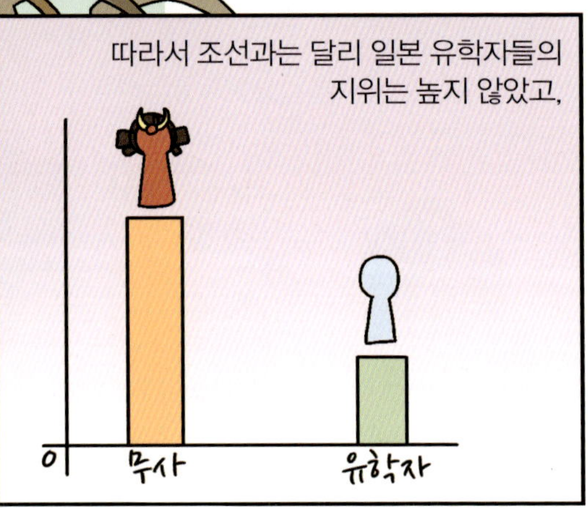

따라서 조선과는 달리 일본 유학자들의 지위는 높지 않았고,
무사
유학자

유학 자체도 중국과 한국만큼 발전하지 않았어.
왜… 아무도 없냐?!
유학

그런데 이황의 성리학이 전해지면서 일본 유학도 크게 발전했지.
고맙습니다.
유학
성리학

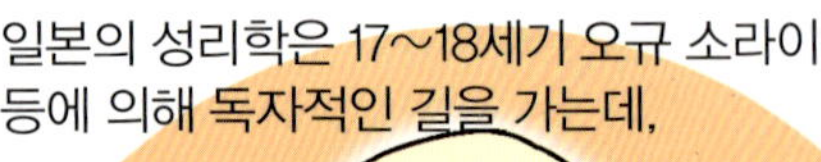

일본의 성리학은 17~18세기 오규 소라이 등에 의해 독자적인 길을 가는데,

그는 인의예지라는 인성의 발전과 수양보다는 유교를 정치적 도구로 생각해,
왜 그러세요?
유교

유교에서 강조하는 도덕 정치와 달리 하늘과 무관하게 인간이 스스로 정치를 주관할 수 있다고 했어.
우리가 스스로 할 수 있지 않아?

'훤원숙'이라는 글방을 통해 학파를 형성한 그의 학문은,
홋!

같은 유교 문명이지만 일본에서 먼저 서양 학문과 법 등 근대적인 정치 체제를 수용할 수 있는 길을 터놓았어.
어서 오세요. 어허허.
안녕하세요.
서양법
서양학습
일본
꾸벅

퇴계 이황처럼 일본 화폐에 그려진 후쿠자와 유키치 등을

한 걸음 더 나아가 유교를 부정하고 근대 서양 문명을 하루 빨리 받아들이자는 논리와 함께
왜 이래요?
서양 문명
서양 문명
유교
오늘날의 게이오대학의 전신인 '경응의숙(慶應義塾)' 등을 만들어

적극적으로 서양의 정치 체제와 법 등을 자신들의 왕정에 맞게 바꿔 나가는 흐름을 만들기도 했어.

그렇다면 중국과 한국의 전통을 상징하는 주류 사상이자 문명인 유교는 오히려 사회 발전의 걸림돌이었을까?
어우~ 저거 거슬려!
참아
사회 발전
유교

그렇지는 않아. 최근 조명을 받고 있는 '유교 자본주의'라는 말이 있어.
유교 자본주의?

중국, 대만, 한국, 홍콩, 싱가포르 등 20세기 말과 21세기 초반 신흥 경제대국으로 발돋움한 나라들
우리는 유교 문명권!
중국
대만
홍콩
한국
싱가포르

그리고 서구의 개인주의보다는 가족과 친족 등 혈연을 바탕으로 하는 공동체를 우선으로 하며
개인주의
혈연바탕

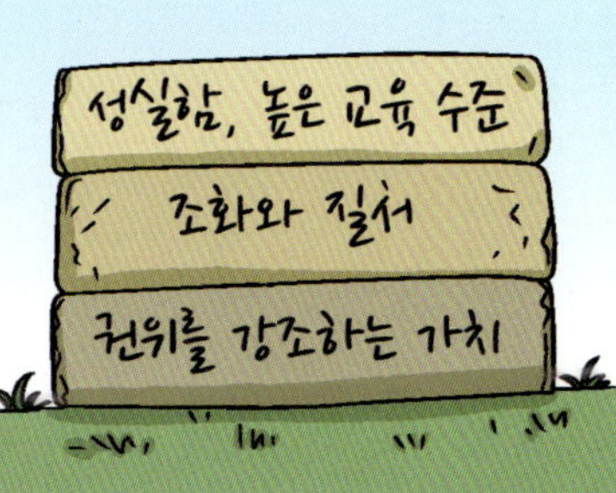

성실함과 높은 교육 수준, 조화와 질서, 권위를 강조하는 가치 등이
성실함, 높은 교육 수준
조화와 질서
권위를 강조하는 가치

마치 서구의 프로테스탄티즘처럼 자본주의의 발전에 큰 영향을 끼쳤다는 것이지.
제법인데?
유교
헤헤

아편전쟁으로 상징되는 작게는 전통적인 중화체제의 몰락, 크게는 근대화된 서구가 봉건적인 유교 문명권을 이겼다는 통념이 이제는 바뀌어야 한다는 거지.
서구
유교
으…

이렇게 동아시아에서 유교 문명은 지금까지도 무시할 수 없는 가치인 거야.
와~아
유교

한편 중국, 한국, 일본은 유교만큼이나 불교가 공통적으로 발전했는데,
응?
엉?
어라?
I LOVE 불교 중국
I LOVE 불교 한국
I LOVE 불교 일본

불교는 우주와 인간의 진리를 깨닫는 것을 궁극적인 목표로 삼지.
아~

특히 우리가 무지몽매와 욕망으로 가득차 살고 있는 이 세상이 사실은 공허하며
(색즉시공, 色卽是空)
아~앙!!
ZZ

이 세상에 존재하는 모든 사물은 인연으로 생겼으며,
우리는 인연인가 봐요.
뭐라고요?

나만 잘났다는 생각, 내 중심의 사고방식이 틀린 거라고 말하지.
아~ 정말 난 왜 이렇게 잘난 거야?
야, 너는 저러면 안돼. 알았지?
네….

변하지 않는 참다운 자아의 실체는 존재하지 않는다는 거야
(제법무아, 諸法無我).
원래는 아무것도 없어.
자아

결국 인간이 속세적(俗世的)인 모든 속박으로부터 벗어나 자유롭게 되는 것을 궁극적으로 지향해,
자유다!

이를 달성하면 해탈을 이뤘다고 하고 이렇게 된 사람을 '성불', 즉 부처라고 부르는 거야.
얘도 이제 부처다.
에헴
뭐야?
뭐야!

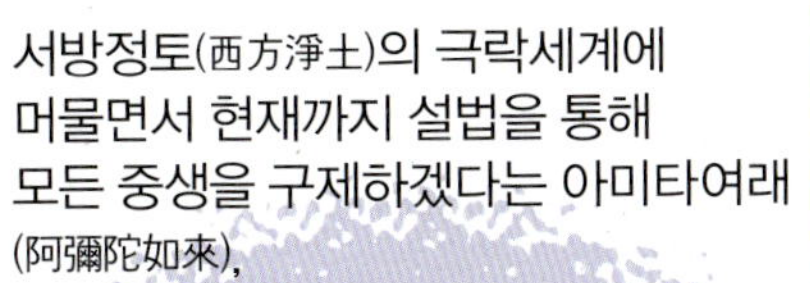
왕자로 태어났지만 고행 끝에 이러한 진리를 깨달은 석가모니는 이를 바탕으로 중생 구제까지 나아간 석가여래(釋迦如來)로 불리지.

서방정토(西方淨土)의 극락세계에 머물면서 현재까지 설법을 통해 모든 중생을 구제하겠다는 아미타여래(阿彌陀如來),

병자를 구원하는 약사불(藥師佛),

부처와 중생이 하나이며 모든 것을 포용하는 태양빛을 상징하는 비로자나불(毘盧遮那佛),

그리고 56억 7천만 년이 지나면 인간 세상으로 내려와 중생들을 구원하며 새로운 세상을 여는 미륵불(彌勒佛)까지,

금동미륵보살반가사유상: 구리로 만들어 도금한 삼국시대의 반가사유상. 국보 제78호.

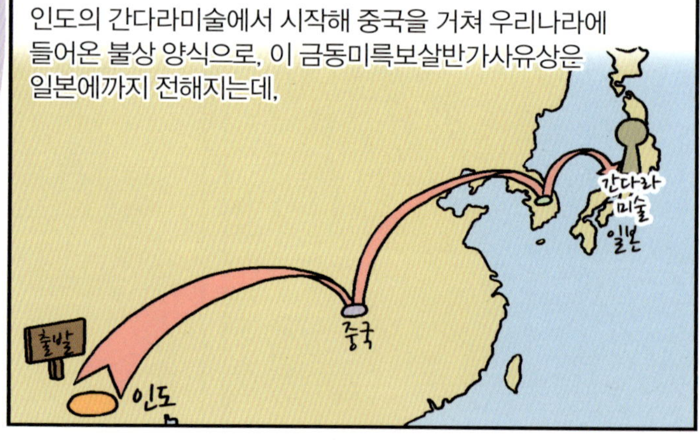

일본 교토 호류 사에 있는 미륵반가사유상은 일본의 국보로 매우 유명한 예술품이야.

섬세한 매듭선, 가냘픈 몸매,

이 모든 것을 갖추고 고개를 숙인 채 생각에 빠진 미륵반가사유상의 자연스러운 모습은 우리의 미륵상과 매우 비슷해.

동아시아 어디에서나 불교 건축과 승려들을 자연스레 만날 수 있는 것도 불교 문명의 공통점 때문이지.

유교와 불교 이외에도 동아시아 공통 문명으로 손꼽을 수 있는 것은 도교 문명이야.

여기서는 유교와 달리 인위적인 모든 것을 반대하며 무위자연(無爲自然)을 설파했어.

억지로 인의예지를 강요하고 사회와 국가의 질서를 잡아 나가기보다는

차라리 홀로 살지언정 그 어떤 억압과 통제에도 길들여지지 않겠다는 것이지.

장자(莊子)도 이와 마찬가지로 자유로움을 강조했는데, 예를 들면 혜자(惠子)와의 대화 속에서 잘 드러나지.

하루는 혜자가 장자에게,

"그래서 길 한복판에 이 나무를 세워 두어도 목수조차 거들떠보지 않아."

라며 비웃자 장자는,

"먹이가 나타나기만 하면 가리는 데도 없이 날뛰면서 먹이를 낚아채지만,
크앙!
철컥!!

그러다가 결국은 덫에 걸리거나 그물에 걸려 죽을 뿐입니다.
......
켁!

그러나 황소는 그 크기가 하늘에 드리워진 저 구름만큼이나 크기에
음메~

큰일은 능히 할 수 있어도 쥐 같은 것은 잡을 수 없습니다."
차라리 밭을 갈라고 해….
빨리 잡아 봐

지금 선생께서 모처럼 커다란 나무를 소유하게 되었으면서도 그것이 쓸모없다고 걱정하고 계신 모양인데,

"차라리 그것을 아무도 없는 드넓은 들판에 심어,
저기다 심을까?

평화로이 나무 그늘 밑에서 낮잠이나 자는 것은 어떻습니까?
좋구나~

이 거대한 나무는 도끼에 찍혀 쓰러질 염려도 없고, 어떤 것도 이 나무를 해코지 하지 않을 것입니다.

'이것이 곧 쓸모없음의 쓸모'이니, 어찌 이런 일을 가지고 근심 걱정을 하시는 것입니까!"라고 되받아쳤지.

이렇게 있는 그대로의 아름다움을 받아들이고, 인위적인 것을 반대하며 민중들에게 지지를 받고 신앙으로까지 발전한 도교는
감사합니다!!
도교
도교
도교
도교
도교

신선(神仙) 사상으로, 때론 극단적 개인주의로, 혹은 고도의 통치술로도 주목받았지.
으아아~!
오빠~!!
도교

또 문화적으로는 무위자연(無爲自然)의 은유로 자연에 대한 찬미가
형상화되어 우리나라의 고대 백제 산수무늬벽돌 등으로 표현되고,

우리의 안압지나 일본의 3대 정원 중 하나라는 카이라쿠엔 정원의 조성에도 도교의 무위자연의 사상이
스며들어 있지.

또한 신선처럼 불로장생의 상징으로 사신도(四神圖)가 나타나. 평안도 강서대묘의 고구려 사신도 벽화를 보면 좌청룡(左靑龍), 우백호(右白虎), 북현무(北玄武), 남주작(南朱雀)의 불로장생을 상징하는 그림을 확인할 수 있어.

또한 백제의 금동대향로에도 향로를 밑에서 받치고 있는 용과 향로의 맨 위에 앉아 있는 봉황 등이 어우러져 뛰어난 예술미를 자랑하고 있어.

부여능산리출토백제금동대향로: 국보 제287호

신도: 일본 민족 사이에서 발생한 고유의 민족 신앙.

전통적 가족 질서가 수직적인
가부장 구조로 되어 있어.

하지만 일단 그 아래로 내려오면 모두가
평등해서 온 식구가 한 식탁에 모여
식사를 해.

따라서 멀리 있는 음식을 각자
집어오기 위해 자연히 긴 젓가락이
필요하지.

일본의 젓가락은 생선을 많이 먹기
때문에 가시를 바르기 좋게 끝이
뾰족한데,

각 상에서 제각기 먹는 경우가 많아,

젓가락의 길이는 중국에 비해 매우 짧아.

한국은 몇 개의 그룹으로 나뉘어 겸상을 하고,

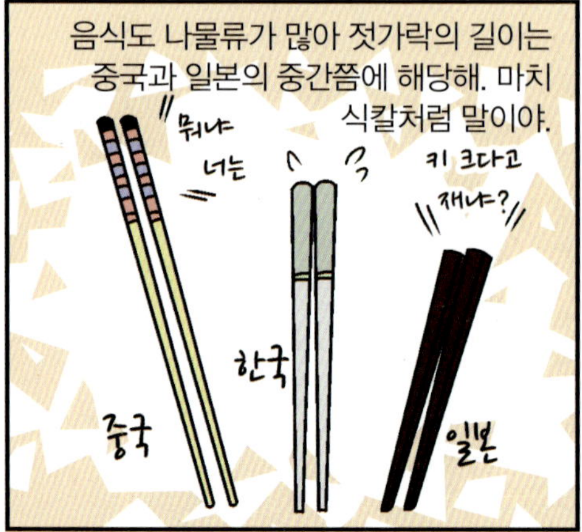
음식도 나물류가 많아 젓가락의 길이는
중국과 일본의 중간쯤에 해당해. 마치
식칼처럼 말이야.

그렇다면 우리의 젓가락이
중국이나 일본과 결정적으로
다른 건 뭘까?

정답은 바로 숟가락과 함께 사용한다는
점이야.

국물을 떠먹는 숟가락은 음양 중에 음(陰)에 해당하고,

고체 음식을 집는 젓가락은 양(陽)에 속해.

이렇게 우리는 자연의 이치와 마찬가지로 음양의 조화를 지향하지.

동아시아 문명을 공유하면서도 어느 한 쪽에 치우침 없이 유·불·도의 이상적인 조화를 지향한다는 거야.

심지어 성리학의 국가라고 불렸던 조선에서도 불교와 도교는 지배층과 민중 모두에게 계속해서 이어졌고, 그것이 바로 음양의 조화로 현재까지 내려온 거야.

유교와 불교, 도교라는 종교가 신앙에서부터 생활윤리, 그리고 예술까지 적절하게 배합되고 있는 것이 특징이라는 거야. 이제 알겠지?

태극 전사에서 쿵푸 팬더의 태극까지

‘태극’은 우리나라를 상징하는 것 중에 하나예요. 태극기부터 태극 마크, 태극 전사까지 태극이 포함된 것인 무척 많죠. 그런데 태극은 우리 고유의 것만은 아니에요. 중국 도교 사원에 태극 문양이 있으며, 일본의 몽골과 티베트 등 동아시아의 일부 국가에서 국기 안에 이 태극 문양을 넣기도 하죠. 심지어 최근 개봉된 영화 〈쿵푸 팬더 2〉에서 주인공 ‘포’는 태극권을 선보이며 세계 영화팬들을 사로잡기도 했어요.

그렇다면 태극은 무엇일까요? 태극은 간략하게 말하면 동양에서 우주 만물을 상징하는 것이에요. 동양은 서양과 달리 제우스와 예수, 알라와 같이 인간과 유사한 인격화된 신이 없어요. 오히려 철학적이고 형이상학적인 언어와 상징체계로 조물주를 표현하였죠. 그리고 놀랍게도 그 핵심은 ‘비어 있다’예요. 도교의 ‘도(道)’, 불교의 ‘공(空)’ 그리

쿵푸를 하는 자이언트 판다 포의 이야기 〈쿵푸 팬더〉.

고 유교의 태극(太極)이 그러하죠. 유교의 태극도 사실 무극이라 하여 ‘무(無)’의 개념에서 파생하여 음양의 조화를 설명해 줄 뿐이거든요.

태극은 불교와 도교의 종교가 우주론적인 논리 구조를 설명하기 위해 나름대로 찾은 해법이었어요. 송나라 유학자인 주돈이가 지은 『태극도설』에 그림으로 등장한 이 ‘태극’은 철학적 근본 원리이자 만물의 진리이고, 또한 두 가지 대비되는 개념과 현상을 조화시키는 원리이기도 하죠. 낮과 밤, 남자와 여자, 하늘과 바다, 심지어 신과 인간의 공존공생 모두 이 태극으로 설명할 수 있어요.

우리나라 태극기는 흰색 바탕에 태극과 4개의 괘로 이루어져 있어요. 이 태극기는 흔히 임오군란 이후 일본과 협상하기 위해 떠난 전권대사 박영효가 배 안에서 국제법상 독립 국가임을 뜻하는 깃발이자, 중국 청나라의 속국이 아닌 자주 국가임을 드러내기 위해 처음 사용한 것으로 알려져 있어요. 그러나 최근 연구에 의하면 이미 1882년 조선과 미국의 수호 조약 당시 역관이었던 이응준이 태극기를 먼저 사용했다고 해요. 태극은 우주 만물이 음양으로부터 창조되듯이 우리 민족이 창조되었음을 의미하고, 4개의 괘는 음과 양이 어울려 변화하는 우주의 모습을 상징하죠.

태극은 한자나 유교, 불교, 도교 등처럼 동아시아 문명의 공통점으로 이해할 수 있는 매우 풍부한 상징적 의미를 가지고 있는 아이콘이라고 할 수 있답니다.

동양 사상에서 우주 만물을 상징하는 태극.

9장 실크로드에서 인터넷까지, 동서양의 문명

페르디난트 폰 리히트호펜(Ferdinand von Richthofen, 1833년~1905년)

첫째는 유라시아 대륙의 북방 초원 지대를 지나는 초원길,

둘째는 흔히 우리가 좁은 의미로 알고 있는 실크로드, 즉 중앙아시아 일대의 여러 오아시스를 경유하는 사막길 (오아시스길),

마지막으로 유라시아 대륙 남쪽 바다를 이용하는 바닷길, 이렇게 세 가지가 있어.

유라시아(Eurasia): 유럽과 아시아를 아울러 이르는 이름.

그저 단순하게 중국에서 서역으로 가는 길 정도로 알려진 실크로드는

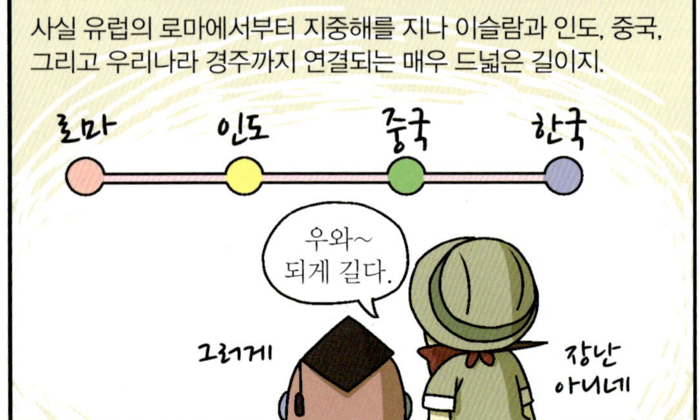
사실 유럽의 로마에서부터 지중해를 지나 이슬람과 인도, 중국, 그리고 우리나라 경주까지 연결되는 매우 드넓은 길이지.

무제(武帝, 기원전 156년~기원전 87년)

그런데 그가 오간 이 길이 오히려 인류의 소중한 문명 교류를 증명하는 역사적인 길이 된 거야.
정말?

흔히 좁은 의미로 자주 쓰이는 '실크로드'의 탄생이었어.

그가 무려 13년이나 걸려 오간 이 길은 사실 끝없는 사막이 펼쳐진 길이야.
……

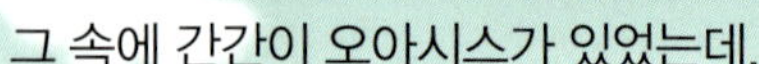

그 속에 간간이 오아시스가 있었는데,

물이다!

장건이 개척하며 실크로드를 뚫은 거지.
다 내가 뚫은 거라고.
우와~.
ㅋㅋ
실크로드

이를 계기로 역사상 최초로 파미르고원을 중심으로 한 오아시스 길이 처음 생겼지.
에이….
오오~

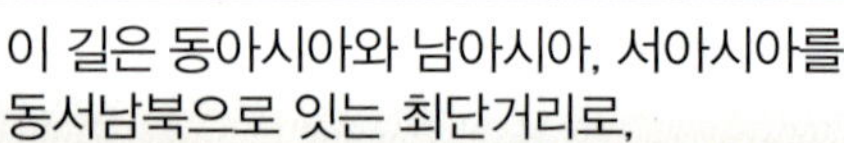

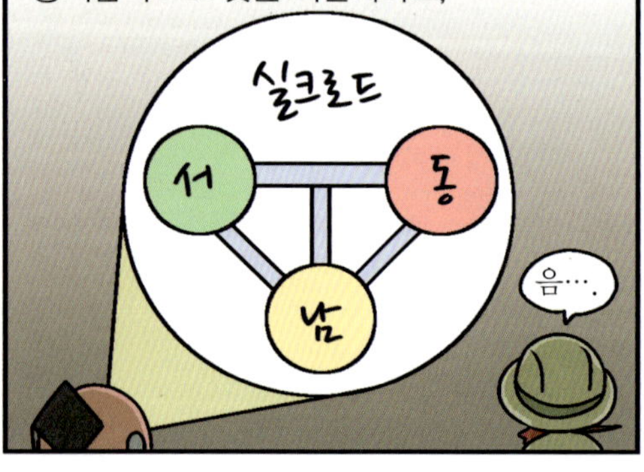

이 길은 동아시아와 남아시아, 서아시아를 동서남북으로 잇는 최단거리로,
실크로드
서
동
남
음….

지중해 동쪽 소아시아에서부터 이란, 파미르고원을 거쳐 중앙아시아를 지나 중국에 도달하는 길이야.

사막 길 또는 오아시스 길로 불리는 이 길은 다시 중앙아시아 지역에서 세 갈래로 갈라지는데,

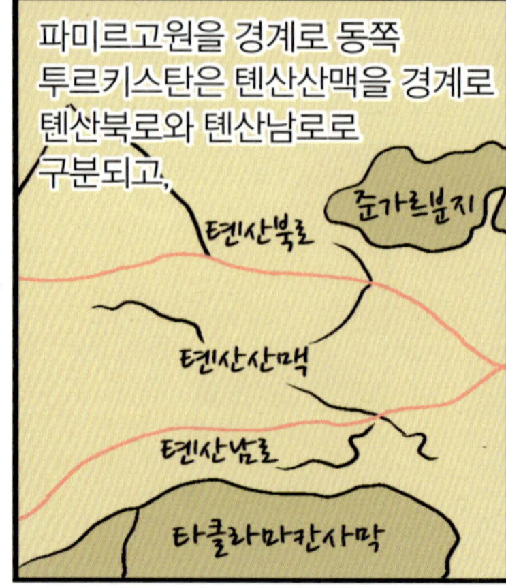

파미르고원을 경계로 동쪽 투르키스탄은 톈산산맥을 경계로 톈산북로와 톈산남로로 구분되고,
톈산북로
준가르분지
톈산산맥
톈산남로
타클라마칸사막

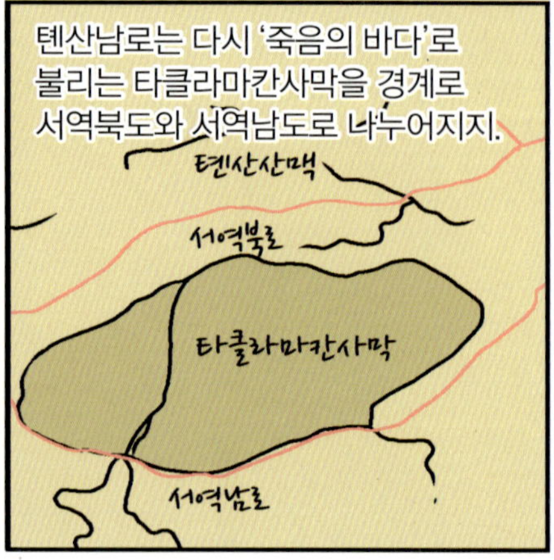

톈산남로는 다시 '죽음의 바다'로 불리는 타클라마칸사막을 경계로 서역북도와 서역남도로 나누어지지.
톈산산맥
서역북로
타클라마칸사막
서역남로

대상인들은 부피가 작으면서 가치가 높은 비단, 보석, 향신류 등을

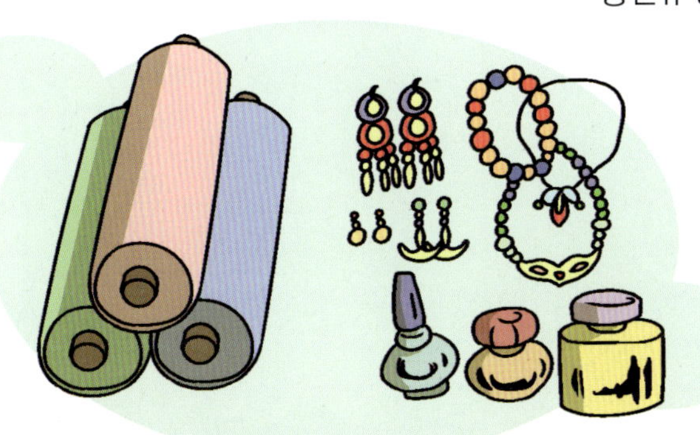

특히 비단이 로마제국에서 팔리면서 실크로드라 불리게 되었지. 기원전 1세기경 로마에서는 비단이 금과 똑같은 무게로 교환이 되었어!

이 비단길 개척의 숨은 공로자는 위에서 말한 낙타인데,

낙타 한 마리는 200kg의 짐을 거뜬히 짊어지고 하루 30km의 행군이 가능하다고 해.
히익!!
ㅋㅋㅋ
대상인들은 이런 낙타를 20~30마리 정도 이끌고 무역을 한 거야.
너무 많나…?
우글 우글

비단 이외에도 후추는 대표적인 향신료로 인도에서 동서로 전파되었고,
후추

보석류 중에서는 대표적으로 옥이 거래되었지.
옥 있어요?
다 떨어졌어요.

특히 고대 옥의 주산지는 타클라마칸사막 남쪽에 있는 호탄으로,
호탄

중국은 은나라와 주나라 때부터 이 호탄에서 옥을 수입했어.
여기요.
고맙습니다.
호탄
중국
玉

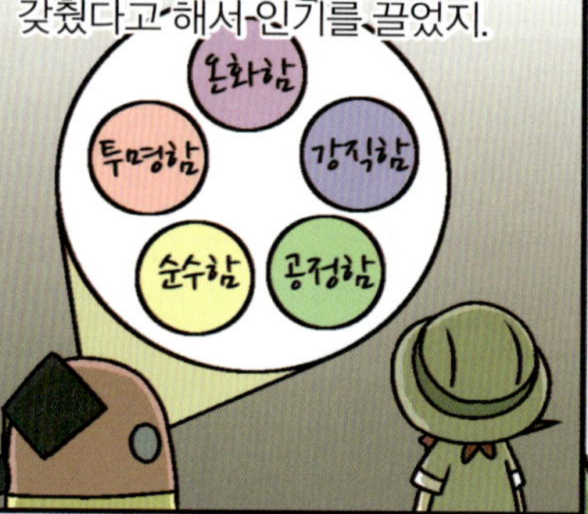

옥은 온화함, 투명함, 순수함, 강직함, 공정함의 다섯 덕을 갖췄다고 해서 인기를 끌었지.
온화함
투명함
강직함
순수함
공정함

그래서 이 오아시스 길을 한편으론 '옥의 길'이라고 부를 정도야.
여기서 부터 오아시스 길 (옥의길) 입니다.

오아시스 길이라는 명칭도 주목할 필요가 있어. 이곳은 우리가 알고 있는 아프리카 사막의 오아시스와는 달리,

파미르고원 등 주변에 만년설로 뒤덮인 고산지대와 함께 사막이 공존하는 분지가 대부분인데,

이 만년설이 녹아 지하로 스며들어 오아시스를 형성했어.

이 지역 사람들은 그 지하수를 인공적으로 끌어올려 농사에 이용하기도 했어. 그 대표적인 예가 오아시스 길의 '포도'야.

포도는 오아시스 길의 도시 투루판에서 많이 재배되었는데,

강렬한 태양과 인공 수로를 통한 물 공급이 적절하게 어우러져 풍부한 맛을 얻게 되었어.

그리고 기원전 2세기 최초로 실크로드를 뚫은 장건이 사신으로 대월지국에 갔다가 돌아오는 길에 중국으로 처음 가져왔다고 해.

이 투루판의 포도가 우리나라에는 고려 때 중국을 거쳐 들어왔다고 전해져.

오아시스 길에는 스포츠의 교류도 있었는데, 흔히 서양의 전유물로 알려진 '폴로'도 사실 여기서 꽃피웠지.

오늘날의 이란, 즉 페르시아에서 유행했는데, 이 오아시스 길을 따라 중국 당나라로 전해지며 일명 '격구(擊毬)'라는 이름으로 알려졌어.

당나라 현종이 이 격구를 했다는
기록도 남아 있고,

이 격구가 우리에게도 전해져 고려 시대
무인들의 심신 수련이자
무예 놀이로 널리
퍼졌다는 거야.
귀여운
녀석….
격구
헤헤

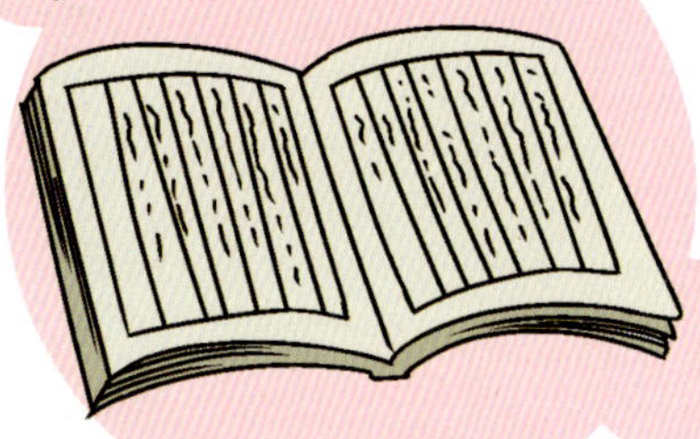
기록에 보면 특히 훗날 조선을
건국하게 되는 이성계가 이 격구에서
신기에 가까운 묘기를 보여주었다고
해.

이 격구는 비잔틴 시대에 콘스탄티노플을 거쳐
서양에 전파되었고,
가자!
콘스탄티노플

근대로 접어들며 인도에 있던 영국 군인을 통해 영국과
미국으로 전파되었어.
너네들도
해 볼래?
재밌어
영국
미국

오아시스 길에서 동서 문명이 교류된
것 중 가장 널리 알려진 것은 세계 3대
발명품 중 하나인 종이를
만드는
제지술이야.

당나라 때 우리 고구려 출신의
고선지가 이끄는 당 군이 서역의
영토 확장을
위한 전투를
하던 중,
나
고선지

일명 '탈라스전투'를 계기로
서방으로 퍼져나갔다고 해.
이 전쟁에서 진 2만의 포로 중에
제지 기술자가 있었던 거지.
WOW~

8세기 고구려인의 후손인 고선지는 당의 안서절도사로서 5회에
걸쳐 파미르고원 동쪽 지역 정벌에 나섰고,
가자!!

오늘날 중국의 서부 영역이 확정되는 계기를
만들 정도로 역사에
큰 획을 긋기도
했어.
하하하하

간쑤 성: 중국 서북부 황허 강 상류에 있는 성(省).

언어만 해도 중국의 한문, 인도의 산스크리트어, 그리고 실크로드 대상인의 역할을 한 소그드인의 소그드어, 허텐어, 티베트어, 몽골어 등으로 쓰인 문서가 3만여 점이 있고,

그 속에는 신라의 승려 혜초가 바다로 인도에 도달하여 거꾸로 걸어 중국까지 오게 되며 쓴 기행문 『왕오천축국전』도 있지.

혜초(慧超, 704년~787년)

현대 어떤 화가는 둔황의 수많은 불화(佛畵)를 보고 감동을 받아 이를 다시 그리는 일에 한평생을 바쳤다고도 하지.

불화(佛畵): 불교의 내용을 그린 종교화.

또한 실크로드를 따라 기독교도 전파되었는데,

당대 가장 국제 도시였던 당나라 시안(장안)에는 네스토리우스파 기독교, 즉 경교(景敎)가 전파되기도 했어.

또한 기독교와 함께 서역의 종교인 이슬람교도 전파되었고,

이런 종교의 교류 속에 그리스 문화와 불교가 만나 간다라미술이 탄생해서 중국과 우리에게까지 전해지지.

재밌는 사실은 6세기 중엽 네스토리우스파 기독교 사제가 인도 북부에서 누에고치를 자신의 지팡이 속에 숨겨,

로마로 무사히 가져온 후 이를 통해 로마에서도 양잠(養蠶)을 할 수 있게 되었다고 해.

양잠(養蠶): 누에를 기름.

로만 글라스(Roman glass): 로마 시대에 제작된 유리그릇.

자, 고대 동서 문명 교류의 중추였던 오아시스 길 이외에 나머지 길에 대해서도 간략하게 알아보자.
우리도 자세하게 해!
초원길
바닷길

초원길은 흑해 연안에서 키르기스초원과 몽골고원을 거쳐 중국 만리장성까지 초원 지대를 통과하는 길인데,
키르기스 초원
몽골고원
알타이산맥

역사상 가장 먼저 동서 교류가 있었던 길이기도 해.
내가 최초야. 알겠냐?
……
초원길
오아시스길
바닷길

이곳은 초원 지대이므로 주로 말 타는 기술이 발전한 유목 기마 민족들의 이동로였지.
……

빠르게 이동할 수 있었던 이들은 새로운 문화와 정보를 전파하는 담당자로,
달려라, 달려!

흔히 우리가 유목 민족이라고 하면 중국식 표현으로 '오랑캐'로 알고 있는 것과는 사뭇 다르지.
미안해요.
됐거든?

사실 문명은 동서뿐만 아니라 정주민(定住民), 즉 농경을 하는 정착민과 먹이를 찾아 이동할 수밖에 없는 유목민과의 만남을 통한 문명 교류도 있는 거야.
……

기원전 6세기경, 이 초원길을 통해 청동기 문화가 우리나라까지 전해졌으며,
자!
?
초원길

흉노가 유럽으로 이동하여 4세기 후반 게르만족의 서쪽 이동이 시작되는데, 이게 서로마제국 멸망의 원인 중 하나이기도 해.

선비, 유연, 돌궐뿐만 아니라 13세기에는 몽골에 의한 유럽 원정이 있기도 했어.
와아아!
선비
유연
돌궐
몽골
뭐, 뭐야
유럽

바투(Batu, 1207년~1255년): 킵차크한국의 시조.

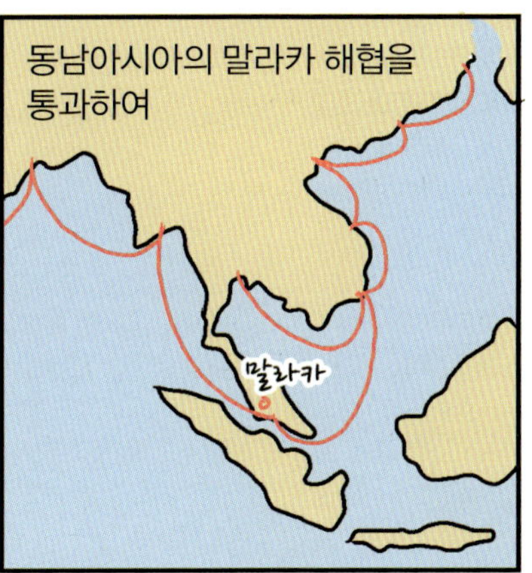

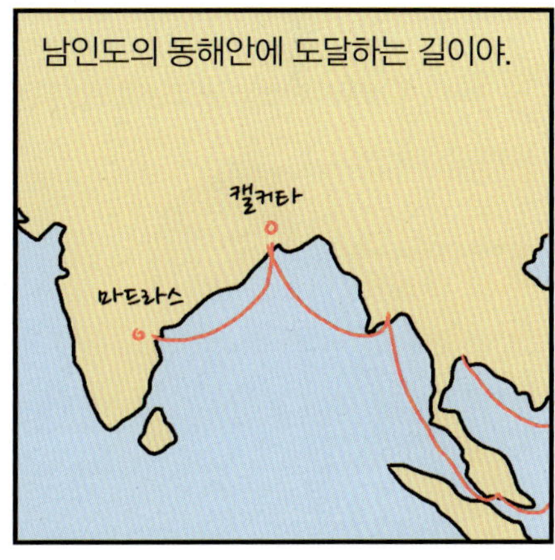

9세기 이후에는 중국 상인들이 동남아시아에 진출하며 도자기를 거래하기도 했어.

그 후 중국의 대국화와 맞물려 바닷길은 주로 이들이 차지하게 되는데,

명나라 영락제의 무신인 정화는 1405년부터 1433년까지 28년 동안 약 19만km의 바닷길을 항해하며 30여 개 나라를 찾아다녔다고 하지.

그는 흔히 우리가 신대륙의 발견자로 기억하는 콜럼버스나 인도 항로를 발견했다는 바스쿠 다가마보다 훨씬 앞서고,

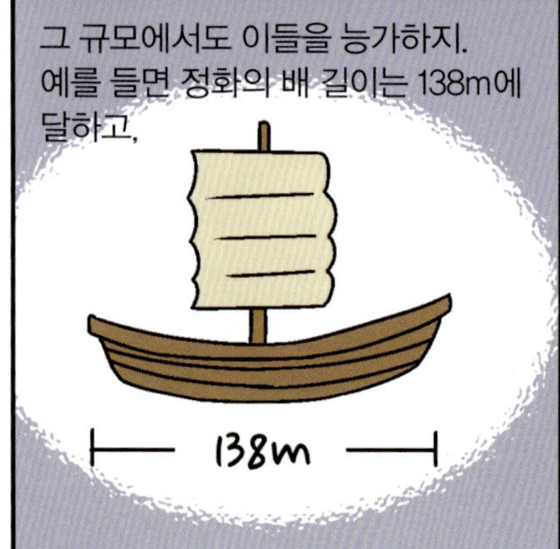
그 규모에서도 이들을 능가하지. 예를 들면 정화의 배 길이는 138m에 달하고,

승선 인원만 2만7천 명에 이른다고 해.

이를 바탕으로 명나라의 국위를 과시함은 물론

도항(渡航): 배를 타고 바다를 건넘.

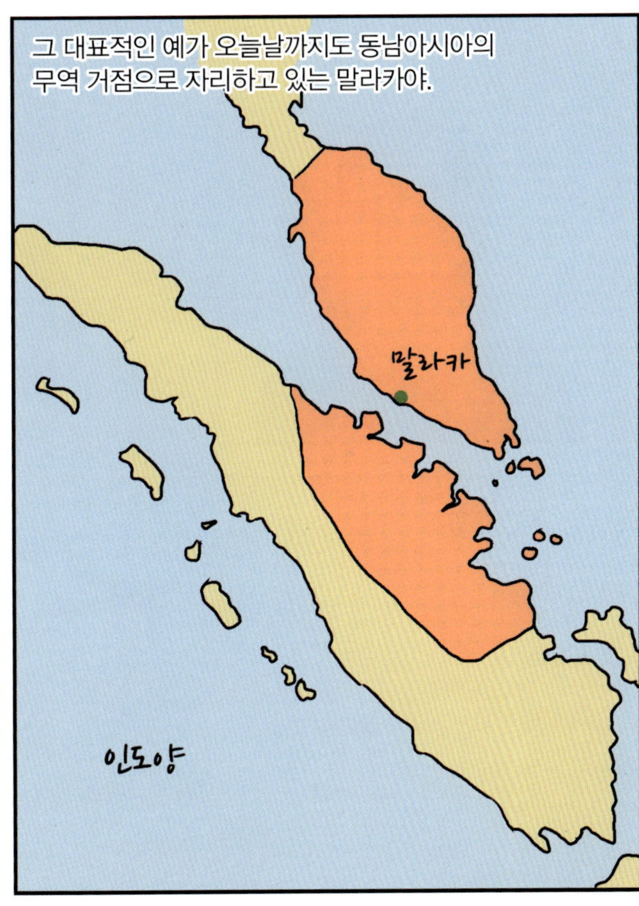

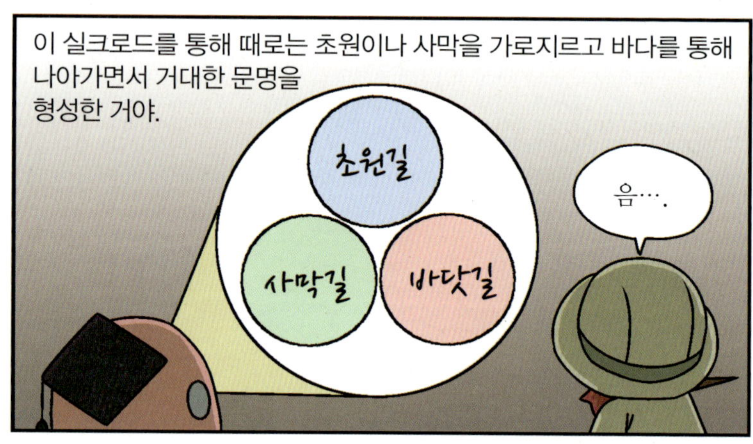

마르코 폴로(Marco Polo, 1254년~1324년)

이븐바투타(Ibn Battuta, 1304년~1368년)

그런 의미에서 더욱 동서교류를 통한 새로운 문명 형성의 가능성은 더욱 높게 열리지.
지구촌, 국제화 시대에 우리는 죽음의 바다라 일컬어지는 타클라마칸사막을 지나 새로운 현대 문명을 창출할 수 있어.
야호!!
타클라마칸 사막
그 속에서 적극적으로 나와 다른 상대방을 이해하고 옛 것과 현재를 이으면서,
자자, 서로 이렇게 손잡으시고….
……
……
옛
현재
실크로드는 더욱 풍부한 문명으로 거듭날 거라 믿어.
보다 빠르고 보다 정확하며 보다 저렴한 비용으로 우리는 문명을 형성할 수 있으며,
인터넷을 통해 더욱 생생하게 이쪽과 저쪽을 넘나들 수 있는 기회를 잘 활용하면 21세기 우리는 인류 문화사의 새로운 페이지를 만들 수 있을 거야.

이탈리아 상인 마르코 폴로, 동방견문록을 남기다

마르코 폴로는 이탈리아의 도시국가 베네치아의 상인으로 비단길을 통해 원나라에 도착하여 그곳에서 머물며 활동하다 다시 바닷길과 비단길을 통해 24년 만에 베네치아로 돌아온 후 『동방견문록』이라는 여행기를 남긴 인물이에요.

『동방견문록』은 서양인 중 최초로 몽골의 대제국 원나라를 포함하여 아시아의 다양한 지역과 국가에 대해 기록한 여행기예요. 비단길을 통해 원나라로 가는 도중에 거쳐 간 바그다드를 비롯해, 중동부터 파미르 고원, 카슈가르 지역, 중국의 둔황과 베이징 등을 비롯해 베네치아로 돌아오는 길에 들른 인도차이나반도, 인도네시아, 인도 등에 대한 상세한 기록이 담겨 있어요.

이탈리아의 탐험가 마르코 폴로
(1254년~1324년).

당시 유럽은 중세의 암흑기에서 서서히 벗어나고 있었으며 십자군 원정과 함께 시작된 동방 무역은 더욱 급속하게 팽창되고 있었죠. 중국을 비롯한 동방은 몽골의 칭기즈칸과 쿠빌라이 칸 등에 의해 대제국으로 형성되면서 이제 비단길을 통한 동서 교류가 열릴 수 있는 시대적 환경이 조성되었어요. 이러한 시대적 배경에서 기독교인이자 명민한 상인이었던 마르코 폴로는 우연한 기회에 아버지와 삼촌을 따라 동방으로의 기이한 여행을 시작할 수 있었던 것이죠.

상인 출신인 마르코 폴로는 동방의 기이한 문물을 보면 그냥 지나치지 않고 매우 상세하게 적었어요. 루비와 옥과 같은 보석류에서부터 불이 붙지 않는 이상한 광물(석면)과 숯처럼 타는 검은 돌(석탄) 등에 대해 언급하였죠. 사실 당대 유럽인들은 비록 비단길을 통해 교류하고 있었지만 비단이 누에고치에서 나오는 것

도 알지 못했고 석탄의 존재 자체도 몰랐어요. 따라서 마르코 폴로가 '숯처럼 타는 검은 돌'이 나는 지역에 사는 사람들은 일주일에 적어도 세 번이나 뜨거운 목욕을 할 수 있다는 이야기를 남겼을 때 유럽인들은 놀랍기도 하고, 허풍이나 사기꾼의 이야기처럼 여기면서도 흥미를 가지게 되었죠.

상인이었던 마르코 폴로가 가장 놀란 것은 원 제국에서 상행위를 할 때 종이(지폐)를 사용한다는 것이었어요. 당시 원은 교초라는 지폐를 사용했는데 은을 통화로 쓰던 이탈리아 상인 마르코 폴로의 눈에 이것은 너무나 신기한 일이었죠. 이 외에도 불교나 힌두교와 같은 동양의 종교나 인도네시아의 여러 섬과 그 속에 살고 있는 원주민들, 그리고 악어와 같은 동물에 대해서도 이를 처음 본 마르코 폴로는 상세하게 기록했어요.

마르코 폴로의 여행담이 빼곡히 실린 『동방견문록』을 통해 유럽인들은 그때서야 그들 반대편에 그들과는 다르지만 매우 발전한 형태의 문명과 독자적인 생활 방식을 가진 또 다른 세상이 있다는 것을 서서히 인식하게 되었어요. 이 책을 계기로 유럽인들은 이 동방의 신비한 나라들을 찾아 대항해의 모험을 시작하게 되었고 서서히 세계 지도는 바뀌어 갔답니다.

『동방견문록』의 한 페이지.

오래전 과거
옛날 과거
가까운 미래
먼 미래

짜잔―
지금까지 우리는 지구를 한 바퀴 돌며 다양한 인류 문명에 대해 알아보았어.

결국 문명이란 이 거대한 지구 속 자연에 대한 토인비의 말처럼,
'도전과 응전'을 통해 문명을 만들고, 인간 대 인간의 활동을 통해 탄생한다고 볼 수 있지.

그렇지만 문명이 그저 평탄하게 유지되는 것만은 아냐.
왜?

자연 재해 때문에 급속하게 몰락하기도 하고,

서로 다른 문명, 이를테면 동양과 서양의 문명 충돌 속에 무너지기도 해.

또한 과거 문명이 현재 문명과 조화를 이루지 못할 때, 즉 전통 사회에서 근대로 오면서

격렬한 충돌과 고통을 겪게 되지.

또한 매 순간마다 급격하게 변하는 21세기에, 과거 문명은 쉽게 잊혀지기도 하지.

먼저 자연 재해로 인한 문명의 몰락을 보면 대표적인 예로 로마의 폼페이를 들 수 있어.

서기 79년 여름 이탈리아 베수비오 화산이 폭발하면서 로마제국의 찬란한 문명을 과시하던 폼페이는 한순간 화산재에 파묻혔어.

그 이전에도 몇 차례 소규모 화산폭발이 있었지만 큰 영향을 준 것이 아니어서,

당대 최고의 문명을 누리던 로마인들은 방심하고 있다가 재앙을 피하지 못했지.

이렇게 자연은 인류 문명에 대해 경고의 메시지를 보내기도 하는데,

최근 인류의 마구잡이식 개발과 환경오염으로 생태가 파괴되면서

전혀 예측하지 못한 지진과 화산 폭발, 쓰나미 현상 등으로 고도로 발달한 현대 문명도 한순간에 무너지기도 하지.

사실 여기서 동양은 한중일이라기보다는 기독교의 대칭적인 이슬람교를 믿는 문명을 말하는데,

그리고 실제 서로가 많은 것을 교류하면서 공생했던 문명이기도 하지.

사실 십자군 원정은 일부 기독교도들의 성지 탈환에 대한 염원과 지중해 일대 무역을 장악하려는 상인들의 의도가 맞아 떨어져 일어난 것이며,

최근의 9.11 테러도 소수 이슬람 과격파에 의해 일어난 일인데,

이를 이슬람 전체의 이미지가 폭력적이라고 오해하는 경우가 있어.

하지만 기독교에도 수많은 종파가 있는 것처럼 이슬람 문명에도 다양한 형태가 존재하며,

그들 중 아주 일부를 전체로 오해하는 오류는 피해야 할 것 같아.

이를 증명해 줄 수 있는 곳이 오늘날 시리아의 수도 다마스쿠스야.

이곳은 처음에는 기독교를 탄압하는 데 여념이 없었던 바울이

기독교에 감화된 후 개종하여 복음 전도사로 거듭난 곳이기도 하고,

이슬람왕조 중 옴미아드라는 제국의 심장부이기도 한,

이곳에서 기독교와 이슬람교는 서로 공존하며 번영을 누리기도 했지.

2001년에 교황 바오로 2세가 이곳에서 두 문명 간에 대화를 나누는 것이 자신의 소망이라고 밝혀 많은 박수를 받기도 했어.

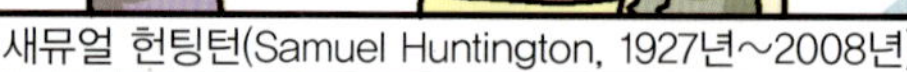

새뮤얼 헌팅턴(Samuel Huntington, 1927년~2008년)

놀랍게도 인류는 야스퍼스라는 철학자가 앞에서 언급했던 기축시대 문명,

즉 소크라테스로 대변되는 그리스 문명,

공자로 대표되는 유교 문명,

부처로 대변되는 불교 문명,
예수를 대표로 하는 기독교 문명에

마호메트의 이슬람 문명이 추가되어,

현재까지 여전히 세계 여러 지역에서 독자적인 역할을 맡으며 이어지고 있어.
바쁘시네….
그러게….
우르르르~

단지 이들을 전파하는 매체가 달라지고 발전했을 뿐이지 여전히 이 기축시대 문명에서 벗어나지 못하는 거야.
내가 변한 게 아니라
방법이 변했을 뿐이야.
문명

따라서 오늘날 우리는 이런 문명들이 여전히 충돌할 수 있는 위기 상황에서,
여차하면 들이받는다?
어디 해 봐.
문명
문명
문명
문명
문명
문명

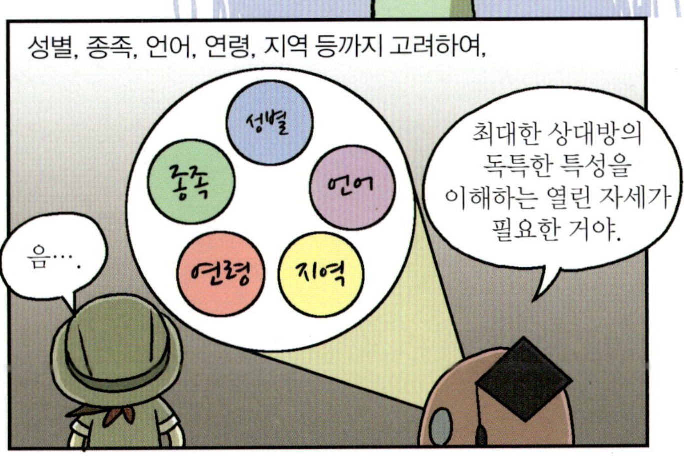

성별, 종족, 언어, 연령, 지역 등까지 고려하여,
최대한 상대방의 독특한 특성을 이해하는 열린 자세가 필요한 거야.
음….
성별
종족
언어
연령
지역

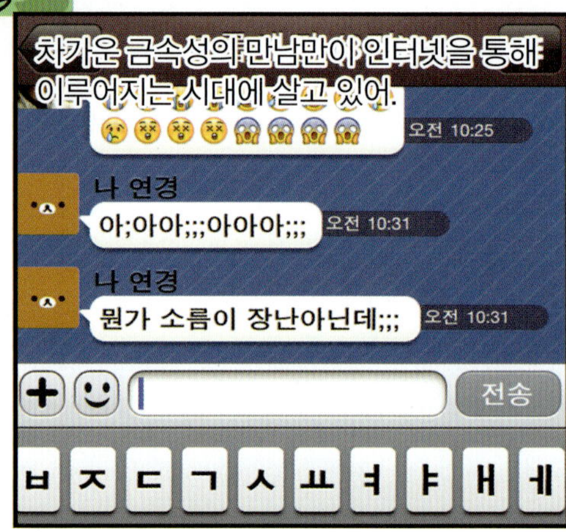

아날로그적 삶과 문명이란 더 이상 불필요하고, 그를 바탕으로 현재와 미래의 삶을 산다는 것은 도저히 상상조차 할 수 없는 일이 되었지.

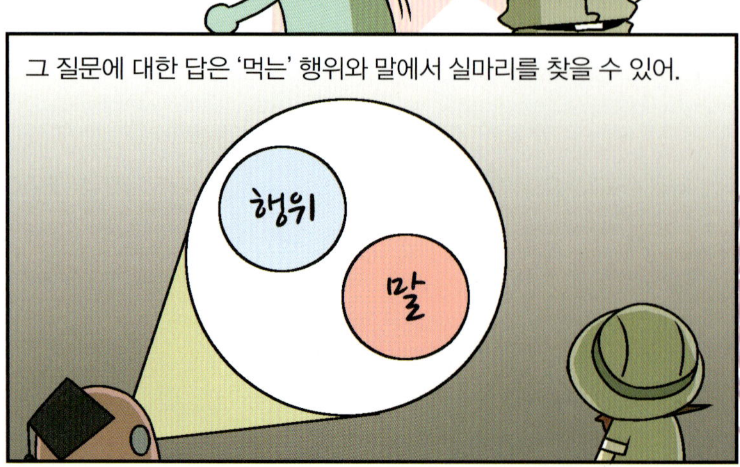

레오나르도 다빈치(Leonardo da Vinci, 1477년~1549년)

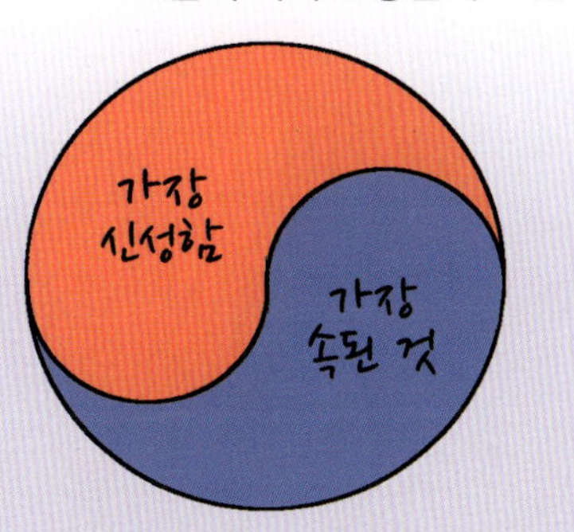

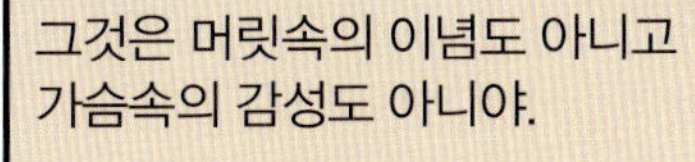

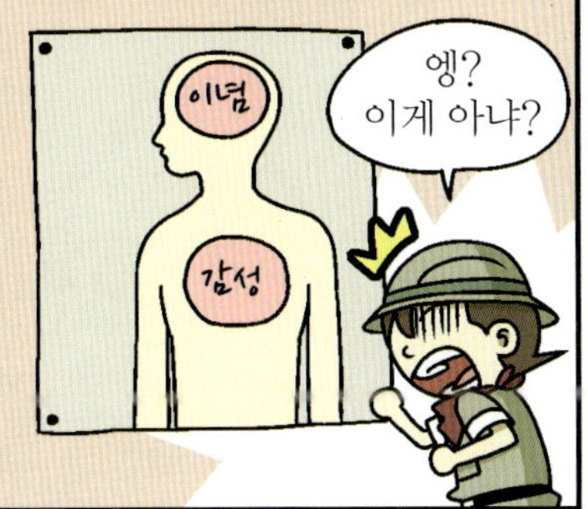

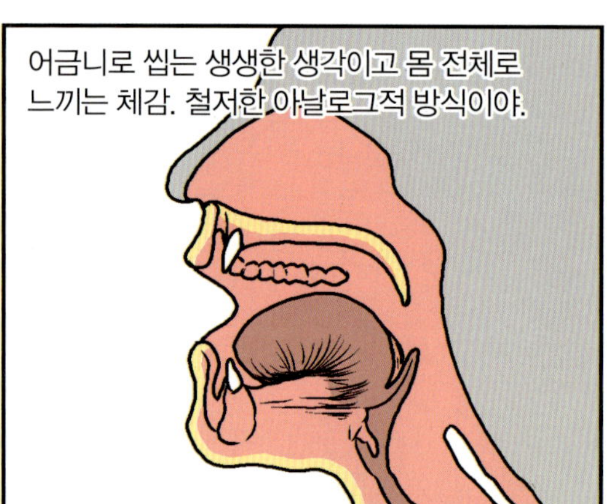

어금니로 씹는 생생한 생각이고 몸 전체로 느끼는 체감. 철저한 아날로그적 방식이야.

최후의 만찬을 통해 예수의 제자들은 머리로 배우고 가슴으로 느꼈던 진리를 몸 전체로 체득하게 되는 거지.
예수님….
하하하
으헝헝~

그 순간 빵과 포도주는 일상의 물질에서 성체의 미디어로 바뀌는 거야.

함께 식사를 하면서 남과 맺는 일체감, 그리고 공동체와 융합하는 원리는

영어에서 '회사'를 뜻하는 '컴퍼니(company)'란 말에서도 알 수 있어.
company.

'컴(com)'은 '함께(with)', '퍼니(pany)'는 '빵(panis-bread)'이라는 뜻이야.
COM PANY

즉, 컴퍼니는 일터이기에 앞서 함께 빵을 먹는 식탁이지.

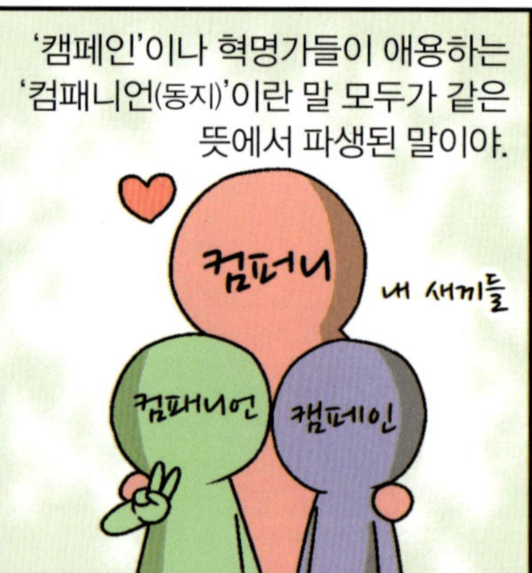

'캠페인'이나 혁명가들이 애용하는 '컴패니언(동지)'이란 말 모두가 같은 뜻에서 파생된 말이야.
컴퍼니
내 새끼들
컴패니언
캠페인

우리는 서양의 공동체 의식을 "한 솥 밥을 먹는다."라는 말로 절묘하게 표현해 왔어.
우물
우물

요즘도 주요 시상식에서 연예인들이 곧잘 수상 소감으로,
한솥밥을 먹은 식구들에게 영광을 돌립니다.
와아아

이처럼 우리에게 공동체 의식이란 전통 사회에서부터 같은 밥을 먹는 사람이라는 뜻으로 쓰였어.
나도 밥 먹고 싶다.
공동체 의식
=
같이 밥 먹는 사람

가족을 뜻하는 '식구(食口)'란 말이나
父 母 子 女
식구 (食口)
'인구(人口)'란 말에도 '입 구'자가 들어 있지.
우글 우글
인구 (人口)

문제는 아날로그의 솥 옆에 또 하나 무한대로 커지고 있는 네트워크 디지털 솥이 우리 눈앞에서 전개되고 있다는 점이야.
아날로그
디지털
공동체도, 정보도, 미디어도, 사고파는 물건과 살아가는 방식까지도,
공동체
정보
미디어
물건
삶의 방식

아날로그적인 것과 디지털적인 두 가마솥으로 분할되어 가고 있지.
흠….
아날로그
디지털

심지어 사람 자체도 아날로그 인간과 디지털 인간으로 분열되어 있어.
아날로그
디지털

분단된 국토, 가진 자와 가지지 못한 자의 경제적 양극화를 말하는 사람은 많아도,
우리의 소원은
통-일~

아날로그와 디지털의 분단과 양극화에 대해서는
아는 사람도, 걱정하는 사람도 드물어.
그게 뭐야?

가상 세계에서 모여 상대방을 공격하고,

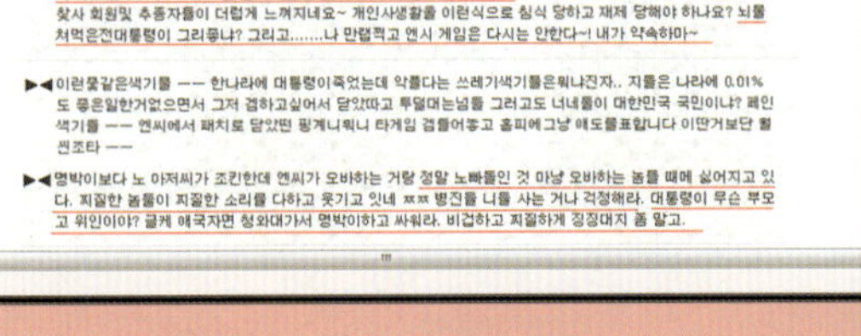

범죄를 저지르거나.

또는 현실 자체를 외면하는 일이 다반사로 우리에게 일어나고 있지.

따라서 먹는 것으로 상징되는 아날로그 문화 코드와

인터넷으로 대표되는 디지털 문화 코드를 읽는 학습과 훈련이 절실히 요구되지.

세상을 꼭꼭 씹어 삼키는 어금니 문화를 통해 세상을 체득하고,

아날로그적인 이 어금니 문화를 통해 사이버 세계로 진입해야

모두가 행복하게 살아갈 수 있는 신대륙을 완성할 수 있어.

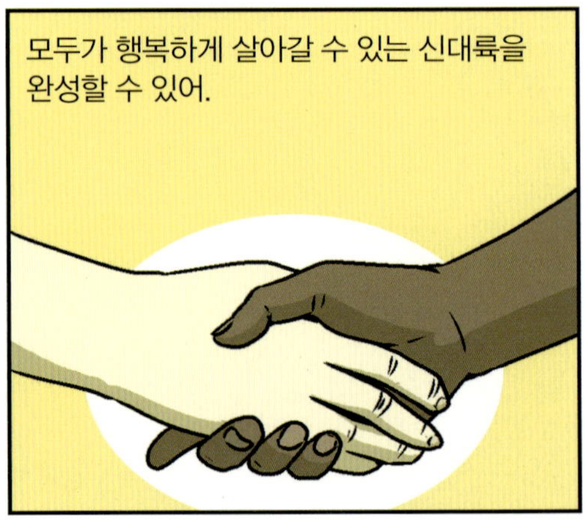

네트워크의 특성은 자율, 분산, 협조로 동작할 수 있도록 설계되었다고 해.

우리 몸속에 잠재해 있는 '먹는 어금니 문화 모델'을 발굴하여,

그것을 오늘의 디지털 네트워크 특성과 결합시키면 새로운 디지로그의 가치를 만들어 낼 수 있을 거야.

인터넷 시대의 디지털 정보가 차가우면 차가울수록,

아파트의 생활이 사막처럼 황량할수록,

따뜻하고 행복한 시루떡 돌리기와 같은 아날로그 정보의 기억이 선명하게 떠오르지.

전화도 인터넷도 없던 시절 한국인들은 시루떡을 돌리는 것으로 정보를 알렸어.

디지털 정보는 컴퓨터 칩의 회로를 타고 오지만,

시루떡 아날로그 정보는 꼬불꼬불한 논두렁길을 타고 오는 거야.

그래서 화려한 128화음이나 음흉한 진동음으로 울리는 휴대전화 소리와는 다른 정취가 있어.

그나마 최근 블로그와 트위터 등을 통해

떡 자체가 하나의 미디어로서 여러 가지 메시지를 담고 있는 것이지.

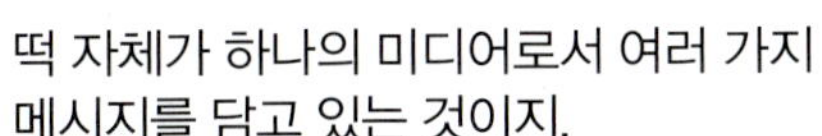

물론 그러한 메시지가 겉으로 드러나 있지는 않아.

떡을 받는 수신자는 수동적인 정보의 소비자가 아닌 거야.

감춰진 정보를 읽고 스스로 정보를 만들어 내는 적극적인 정보 발신의 참여자가 되지.

아날로그와 디지털이 만날 수 있는 접점이 생기는 거야.

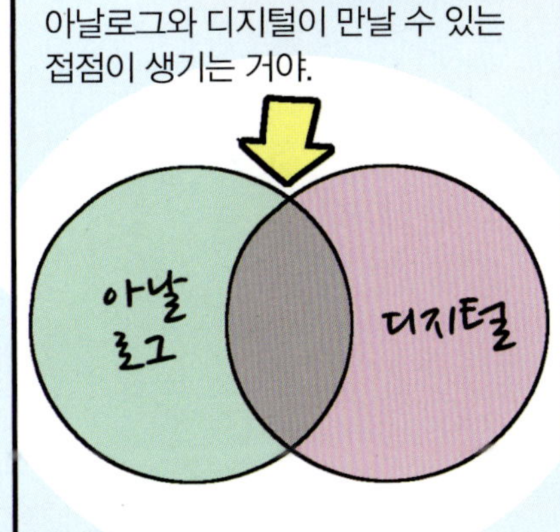

프로슈머(Prosumer): 생산자와 소비자의 합성어.

우리가 오래된 인류 문명을 지키면서
현대 문명과 접목시킨다면

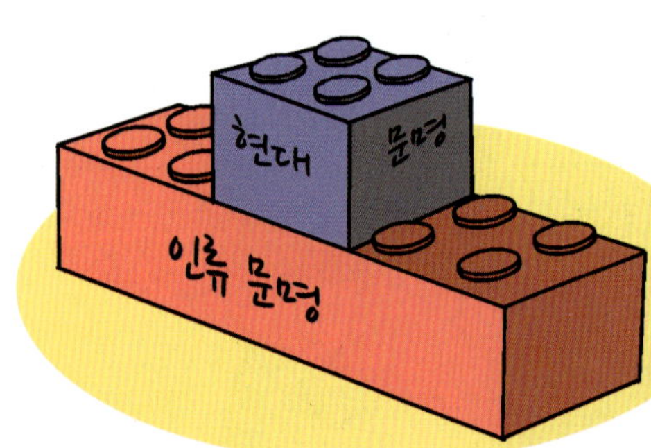

앞으로 더욱 무궁무진하고 창조적인 문명이 형성될 것임에는
틀림없어. 아마 외계인도 깜짝 놀라겠지.

2006년 12월 미국 시사주간지
「타임」은 그 해 올해의 인물로
'YOU(당신)'을 선정했어.

세계 최강대국 미국의 대통령도
아니고,

가톨릭의 수장인 교황이나 티베트 불교의
달라이 라마도 아닌,

그저 매일 아침 눈 뜨면 직장에 나가 제일 먼저 컴퓨터를
켜고,

퇴근해서도 새벽까지 자신이 만들고 올린 동영상을
공유하고 좋아하는,

바로 평범하지만 블로그나 미디어 영역에서

영향력을 키워가는 YOU, 당신이 그 해 주인공이 된 거야.

오늘날 이제 우리는 나이를 불문하고 계층에 상관없이 인터넷이라는 현대 문명의 최첨단 속에서 '놀 수' 있어.

이제는 특정 기업의 이윤 창출을 위해 일방적으로 소비만을 하는 게임이나 동영상을 거부하고,

그 실력이 전문가를 뺨치는 수준이거나, 조악한 아마추어 솜씨이거나 개의치 않고 자신의 창작물을

맘껏 공개적으로 선보이며 함께 열광하는 것,

그것이 현대 문명의 새로운 트렌드로서 등장한 'UCC의 힘'이야.

UCC는 말 그대로 '사용자가 창조하는(User Created Content)' 콘텐츠야.

사람들은 고대 문명과 달리 건축이나 회화보다는 자신이 놀고 싶은 주제에 대해

인터넷에서 검색을 하고 정보를 수집하지.

호모 루덴스(Homo ludens): '유희(놀이)하는 인간'이라는 뜻.

우리는 4대 강에서 시작한 문명부터 동서양의 문명과 현대 디지털 문명까지 알아보았어.

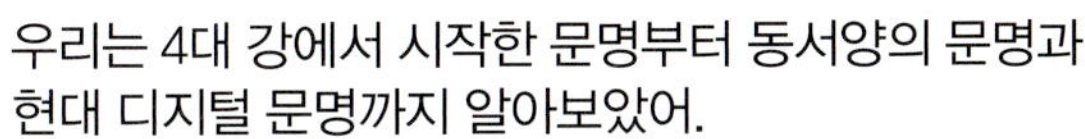

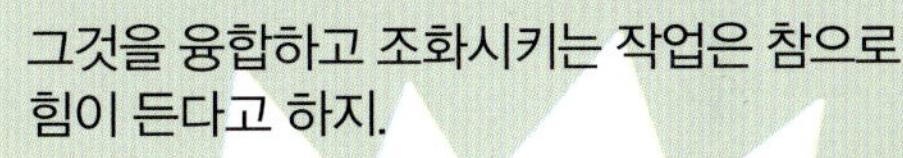

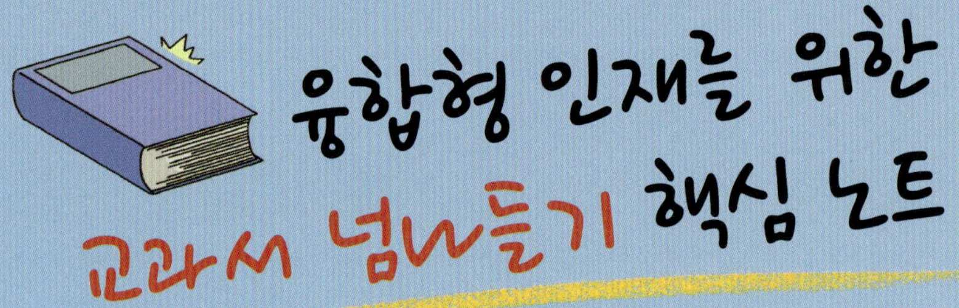

넘나들며 읽기

새롭고 창의적인 키워드를 만들어 내기 위해서는 기존의 개념을 잘 이해해야 합니다. 창의적인 것이란 이 세상에 존재하지 않는 것을 만들어 내는 것이 아니라 기존의 것들을 잘 섞고 혼합하여 폭을 넓히면서 만들어지는 것이니까요. 이 책에서 읽은 내용을 바탕으로 창의적인 사고를 펼쳐 볼까요?

문명의 역사, 어떻게 읽어야 할까요?

세계의 문명의 종류는 몇 가지일까요? 저명한 역사가 아놀드 토인비는 약 20여 개의 문명을 제시했지만 관점에 따라서는 그 개수가 달라질 수 있고 실제로 역사의 전개 과정에서 문명의 수는 통합을 통해서 줄어드는 경향이 있어요. 그래서 언어와 종교라는 관점에서 약 천 년 전을 기준으로 보면 크게 네 개의 문명권이 있었어요.

먼저 한문을 사용하고 유교와 불교를 믿었던 동아시아 문명권이 있었죠.

그리고 산스크리트어 경전을 받아들였던 힌두 문명이 있었고, 아랍어를 사용하고 알라를 믿는 이슬람 문명이 아시아의 중심지에서 유럽과 아프리카 지역까지 퍼져 있었어요. 그리고 마지막으로 유럽을 중심으로 한 라틴어 기독교 문명이 있었죠. 문명권은 내부의 종족들은 서로 다른 언어를 사용했지만 공통의 신앙과 경전으로 문어 공동체를 이루고 있었던 게 특색이었어요. 지금은 공통 문어(문자) 체계가 붕괴되어 과거와 같은 형태는 아니지만 말이에요.

이 중세의 4대 문명권은 아직도 그 흔적을 남기고 있지만, 이제는 세계 어디를 가도 대도시는 모두 비슷비슷하게 느껴져요. 산업혁명 이후 세계 각 지역이 발전하는 모습이 유사해졌기 때문이죠. 언어와 종교, 전통적인 가치관의 차이보다 자본주의, 산업화, 도시화, 민주주의 체제의 정착, 과학기술 등에서 나타나는 공통점이 더 중요하게 느껴진다는 거예요. 이걸 보편 문명이라고 부를 수 있어요.

다시 말해, 세계의 문명은 보편 문명이라는 커다란 틀에서 역사적인 작은 규모의 문명권들의 흔적이 남아 있는 복잡한 다층적 구조를 갖고 있어요. 우리는 자본주의 문명, 과학기술 문명이라는 점에서 세계 대부분의 나라와 하나의 문명권에 속해 있으면서도 한자–유교–불교 문명권에 속해 있기도 한 거죠.

오늘날의 문제는 보편 문명이 정말로 보편적인 인류의 문명이라고 할 수 있는 것인지 아니면 특정한 문명의 편견일 뿐인지 하는 것이에요. 그러니까 특정한 문명의 전통적인 가치와 보편 문명의 가치가 서로 충돌할 때 어떻게 해야 하는지의 문제가 생기는 것이죠. 예를 들어, 군사부일체라고 하면서 스승을 높이고 엄하게 체벌을 통해서 가르치는 문화가 우리의 전통적 가치라고 생각하는 사람들이 여전히 있는가 하면, 보편 문명이 강조하는 인권이라는 가치가 그것보다 더 근본적이고 중요한 문제라고 보는 사람들도 있어요. 이런 문제는 이슬람 문화권에서 여성의 지위나 동성애자의 권리에 대해서 더 심각하게 제기되고 있죠. 인권이라는 가치가 보편 문명이 가져야 할 최고의 가치 중 하나라고 믿는 사람들이 있고, 그것은 서구 문명의 편견일 뿐이라고 보는 사람이 있는 것이죠.

사례를 통해서 생각해 볼까요? 싱가포르는 형벌이 엄격한 나라여서 어떤 범죄에 대해서는 아직도 태형(곤장)을 집행해요. 그런데 신체에 대해 체벌형을 금지하는 미국의 청년이 싱가포르에 놀러 왔다가 자동차에 낙서를 하는 장난을 쳤어요. 싱가포르 법정은 법에 따라 이 청년에게 태형을 선고했고 미국에서 난리가 났죠. 체벌형은 보편적인 인권에 비추어 볼 때 없어져야 할 악습이라고 보는 사람들과 싱가포르 문화에서는 정상적인 것을 서구의 편견으로 비판하는 것이라고 보는 사람들이 서로 논쟁을 벌였어요. 여러분은 어떻게 생각하나요? 그 나라의 고유한 문화니까 비판하지 말아야 할까요, 아니면 비판을 해서 이런 문화가 사라지도록 노력해야 할까요?

확실히 말할 수 있는 건 앞으로도 한동안은 세계 곳곳에서 이러한 문명의 전환과 갈등이 계속 벌어질 거라는 사실이에요. 우리는 인류의 보편적 가치와 함께 전통적 가치도 소중히 여기기 때문이죠.

더 생각해 보기

- 현대사회는 기술 문명의 시대라고 합니다. 세계 어느 곳을 가도 생활상이 비슷하게 느껴지는 건, 같은 과학기술의 혜택을 누리고 살기 때문이에요. 이렇게 사람들이 사는 모습을 비슷하게 만들어 가는 기술문명의 구체적인 사례들을 생각해 보아요(예를 들어, 물가의 빨래가 사라지고 세탁기로 대체).

창의적 독서란 책이 주는 정보를 정보 그대로 이해하는 것이 아니라 자기 것으로 만드는 독서를 일컫는 말입니다. 이 책에서 넘나들기를 한 분야 외에 세상의 많은 분야와 정보가 모두 이 책을 중심으로 뻗어나갈 수 있을 것입니다. 이 질문은 여러분들이 창의적인 상상을 할 수 있도록 도와주는 것들입니다. 최선의 답은 있으나 정답이 있는 것은 아닙니다. 책의 내용과 관련지어 다음과 같은 질문들에 간단하게 생각을 해 봅시다.

서로 다른 문화에서 자라난 사람들이 만나면 오해로 인해 재밌는 일도 생기고 때로는 갈등으로 인해 크게 싸우기도 해요. 다음 사례를 읽고 생각해 보세요.

〈악당과 결혼한 인디언〉

유럽의 세계 정복이 벌어지던 시기에, 한 남미 원주민 청년이 모험가들과 친해져 유럽 사회로 건너오게 되었다. 그는 자신에게 언어와 각종 관습을 가르쳐 주던 여성과 사랑에 빠져 결혼을 하게 되었는데, 각종 서약은 물론이고 여러 가지 서류를 갖춰야 한다는 걸 알게 되자 이렇게 물었다. "이렇게 복잡한 보증이 필요하다니, 당신 혹시 굉장한 악당인가?"

이 청년이 이렇게 물은 이유는 무엇일까요? 그런 생각을 하게 된 이유를 생각해 보면서 이 인디언 청년이 자란 사회와 유럽 사회의 차이가 어떤 것일지 설명해 봅시다.

유태교와 이슬람교 등 덥고 황량한 중동 지역에서는 돼지고기를 먹는 것을 금기로 삼는 종교 문화가 있습니다. 이런 금기가 생겨난 이유는 여러 가지가 있어요. (1) 돼지는 잡식성이기 때문에 가뜩이나 부족한 사람이 먹을 음식을 나누어 먹여야 하죠. (2) 게다가 더운 지방이기 때문에 돼지고기는 금방 상해요. 그러니 돼지고기를 먹는 것은 물론이고 기르는 것도 금지시키게 된 거죠. 이렇게 특정한 가치관은 그 문화가 자리 잡은 환경 탓이기도 하답니다.

그렇다면 (1) 양떼나 소떼 등 가축을 기르면서 풀이 많은 곳을 찾아다니는 유목 사회와 (2) 한 곳에 정착해 곡물을 기르는 농경 사회 중에서 개가 더 소중하게 여겨져 개고기를 먹는 걸 금지하는 사회는 어디일까요? 그 이유는요?

오늘날 사람과 가족처럼 살아가는 반려동물이라는 이유로 개고기 식용에 대한 논란이 많아요. 개나 돼지, 소 등 동물에 대한 사람들의 태도는 오래 전의 생활환경에서 비롯된 경우가 많답니다.

아주 오래 전에는 사람들이 평등하게 살았지만, 농사를 짓고 정착한 뒤 좋은 땅을 두고 부족들끼리 싸움을 벌이면서 지배자와 피지배자, 윗사람과 아랫사람의 구별이 생겨났습니다. 그로 인해서 사람들이 살아가는 모습은 여러 가지로 달라졌어요. 아래 그림은 과거 집터의 모양을 나타낸 것이에요.

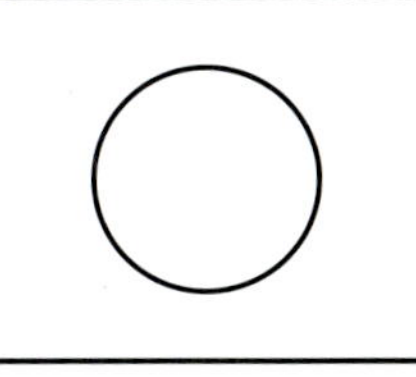

왼쪽은 불 피우는 화덕이 집 가운데에 있는 모양(신석기 시대)이고, 오른쪽은 화덕이 입구에서 먼 안쪽에 치우쳐져 있는 모양(청동기 시대)이에요. 왜 이렇게 집의 모양이 달라졌을까요?

영국의 전설적인 아더왕은 '원탁의 기사'들을 데리고 있었는데, 이들이 원탁에 앉은 이유는 상관과 부하의 구별이 없이 동등하게 서로를 형제로 대우한다는 뜻이었다고 해요.

우리는 과학 기술 문명 시대에 살고 있다고 하죠. 우리 주변을 조금만 살펴보아도 생활의 대부분을 과학기술이 만들어 낸 제품이 없이 살기는 불가능할 정도에요. 하지만 과거에는 그 모든 것들이 없었고, 지금도 여전히 사용하지 않는 사회도 있답니다. 예를 들자면 집집마다 컴퓨터가 생기고 인터넷을 쓸 수 있게 된 건 겨우 20년 전의 일이니까요.

주변에서 볼 수 있는 과학기술 제품들을 찾아보고 그 역사를 기록해 봅시다. 그리고 그런 물건이 없었을 때는 어떻게 살았는지 상상해 봅시다.

전구가 발명된 건 에디슨 덕분이죠? 그 전에는 가스등이나 촛불을 썼어요. 하지만 그것마저 없었을 때에는 어떻게 살았을까요?

세계에는 참 재미있는 풍습이 많아요. 다음의 설명을 듣고 같이 생각해 보아요.

〈포트래치〉

포트래치는 북미의 인디언들 중에서 부유한 족장이 벌이는 독특한 축제이다. 겨울 축제의 포트래치를 통해서 족장이나 우두머리는 재산을 나누어 준다. 또한 서로 선물을 주고받으면서 경쟁이 붙으면 거의 전 재산을 불태워 버리는 일도 생겨난다. 그로 인해서 족장이 얻는 것은 엄청난 존경이다.

인디언들은 왜 이런 일을 벌였을까요?

그다지 부유하지 않은 지역에서도 성대한 축제를 즐기는 일도 많아요. 돈을 모으고 저축하는 것은 사실 인류가 항상 해 온 일은 아니랍니다. 오히려 일종의 낭비(축제)를 통해서 부를 나누는 일이 매우 친숙하답니다. 그 이유를 설명해 보아요.

서로 다른 문명의 모습을 마주칠 때에만 자기가 속해 있는 문화의 특수성을 깨닫게 됩니다. 다음의 사례들이 우리에게 낯설다면, 그건 왜일지 생각해 보아요.

(1) 선교사들이 ○○부족에게 축구를 가르쳤을 때, 그들은 승부를 내야 한다는 선교사들의 요구를 이해하지 못했다. "왜 무승부로 끝내지 않나요?"

(2) ○○지역은 집안일을 돕느라 학교를 오래 빠지는 학생들이 적지 않다. 이 학생들이 돌아오면 교사는 그들이 배우지 못한 부분을 다시 가르치고 다른 학생들은 친구들이 진도를 따라올 때까지 불평불만 없이 이미 배웠던 것을 다시 배운다.

우리는 1등, 2등… 이렇게 등수를 나누고 경쟁하는 것이 아주 익숙하지요?

외계인들이 나오는 영화나 소설을 본 적이 있나요? 그들은 인간과 같으면서도 매우 다르죠? 마법을 사용하는 인물이나 우리와 다른 신비한 종족이 등장하는 판타지도 마찬가지이고요. 여러분이 상상력을 발휘해서 SF나 판타지를 쓴다고 생각해 보세요. 만일 사람이 천 년씩 사는 세계라면, 혹은 살아가면서 한 사람의 성별이 계속 바뀌는 세계라면 어떨까요?

이렇게 SF나 판타지의 설정을 염두에 두고 '우리의 세계와 다른 점'을 몇 개 적어 본 뒤, 그로 인해서 사람들이 사는 모습은 어떻게 달라질지 재밌게 상상해 보아요.

여러분이 즐겁게 보는 SF나 판타지의 작가들도 아마 같은 방식으로 창작을 했을 거예요!

이어령의 교과서 넘나들기 문명편

펴낸날	초판 1쇄 2011년 7월 29일

콘텐츠 크리에이터	이어령
지은이	최경석
그린이	나연경
기 획	손영운
펴낸이	심만수
펴낸곳	(주)살림출판사
출판등록	1989년 11월 1일 제9-210호

경기도 파주시 교하읍 문발리 파주출판도시 522-1
전화 031)955-1350   팩스 031)955-1355
기획 · 편집 031)955-1373
http://www.sallimbooks.com
book@sallimbooks.com

ISBN   978-89-522-1622-9   03900
       978-89-522-1531-4   (세트)

※ 값은 뒤표지에 있습니다.
※ 잘못 만들어진 책은 구입하신 서점에서 바꾸어 드립니다.
※ 본문에 수록된 도판의 저작권에 문제가 있을 시
    저작권자와 추후 협의할 수 있습니다.

책임편집 장선영, 이명선